一起散步到老

那些年，
父辈们的婚姻故事

厉周吉 王岚／主编

中华工商联合出版社

图书在版编目(CIP)数据

一起散步到老 / 厉周吉,王岚主编. -- 北京:中华工商联合出版社,2018.8

ISBN 978-7-5158-2382-9

Ⅰ.①一… Ⅱ.①厉… ②王… Ⅲ.①婚姻–通俗读物 Ⅳ.①C913.13–49

中国版本图书馆CIP数据核字(2018)第 151593 号

一起散步到老

作　　者:	厉周吉　王　岚
责任编辑:	付德华　楼燕青
封面设计:	周　源
责任审读:	郭敬梅
责任印制:	迈致红
出版发行:	中华工商联合出版社有限责任公司
印　　刷:	三河市燕春印务有限公司
版　　次:	2019年1月第1版
印　　次:	2024年5月第4次印刷
开　　本:	880mm×1230mm　1/32
字　　数:	160千字
印　　张:	6.75
书　　号:	ISBN 978-7-5158-2382-9
定　　价:	65.00元

服务热线: 010-58301130

销售热线: 010-58302813

地址邮编: 北京市西城区西环广场A座
　　　　　19-20层,100044

http://www.chgslcbs.cn

E-mail: cicap1202@sina.com(营销中心)

E-mail: gslzbs@sina.com(总编室)

目录

不只为一句承诺

◇顾文显

结婚时间：1960年

只有小学文化的漂亮姑娘VS东北师大的帅气高才生

他曾暗自承诺：混出个人样，让她过上好日子。

她用自己的勤劳、善良、质朴、孝顺，尽到了一个儿媳、妻子应尽的义务，做了他最坚实的后盾。

家有贤妻，成就了他，而他的军功章上也有她的一半功劳。

美丽的岛国新加坡，鲜花如海，彩旗如潮。

"请柬：谨订于1995年10月15日（星期日）上午11时30分举行怡和轩俱乐部一百年历史文物展、中国著名微刻家沈明勋先生作品展、北京三位小小画家作品展。敦请我国前总统黄金辉先生主持开幕仪式。"

由陈嘉庚历任主任的怡和轩俱乐部大厦上巨幅标语"中国著名微刻家沈明勋作品展"特别令新加坡人民激动：在豆大的石面上刻《三国演义》的开篇词，而且是潇洒的行草书体，肉眼不可能看到，全凭意念。意念是什么东西？不可思议。此项活动为怡和轩俱乐部的百年庆典增添了不少光彩；更重要的是，前总统黄金辉先生也亲临了庆典仪式！于是，前来观看展出的人更多了。

在展厅里，前总统黄金辉先生和沈明勋进行了亲切地交谈，留下了十数张珍贵的合影照片……五天后，在一次大型宴会上，许多外宾朋友纷纷与前总统黄金辉先生合影。忽然，前总统黄金辉先生的夫人径直向沈明勋走来，并热情地伸出手，说道："沈先生，总统正四处找您，他要送您礼物……"

整个大厅为之一震：什么？！总统要送沈明勋礼物？

回到下榻处，沈明勋百感交集，不由地关上门大哭了一通！"慧珠，我的诺言到底是实现了，我们的苦盼到底是有了结果……"他立即拨通了中国东北白山市区的电话，向候在家里的爱妻石慧珠讲了他在异国所获的殊荣……他在电话里语声哽咽。是啊，新加坡总统收藏他的作品，前总统为之剪彩并赠礼……艺术家辛辛苦苦，追求终生，但有几个能获得这么高的荣誉？

石慧珠静静地听完丈夫的叙说，平淡地说："知道了。明勋，别激动，身体比什么都重要。至于荣誉，我们应当得到这些。盼你早点儿回来。"

"盼你早点儿回来。"一句普通的话语却如同丝线一般，牢牢地拴住了沈明勋的心。展览会一结束，他婉言谢绝了东道主邀请他赴吉隆坡等地游览的美意，提前回到了老伴的身边。

他不知道，石慧珠在他出国前，曾在上班时晕倒过。为了不影响丈夫出国的决心，这个瘦弱的女人生平第一次自己悄悄地去医院打了吊瓶，而小孙子也恰巧发高烧了，在医院里刚刚脱离危险。她什么也没和丈夫说，独自承受着一切，没有抱怨，没有倾诉。

沈明勋与石慧珠的婚姻，可以说带有传奇性，最初甚至还夹杂着一点功利性。这种在小说、电影里极少有美满结局的婚姻，到了他们二人这里，不但升华成了爱情，而且已然如陈酿之甘醪，越久越醇。

1959年秋，沈明勋以优异的成绩考入东北师范大学，次年恰值三年自然灾害时期，他的家庭也出现了危机：大妈病故，时年68岁的老父亲生病，生活难以自理。沈家是名门，这个家庭讲究孝悌，有着良好的传统。自己要求学，但是老父亲由谁来照顾呢？沈明勋必须放弃做了十几年的大学梦，回到现实中来，尽一个长子的孝道或者说是义务。寒假将至，他的决心已下。

就在这时，沈明勋家出了一件与他一生的幸福至关重要的大事：他生母的母亲因担心外孙与大妈出现生分问题，在其女儿15年前病亡后即跟女婿家中断了联系，当沈明勋的大妈去世后，那位通情达理的老人才开始联系外孙。沈明勋从吉林海龙去辽宁新宾看望外祖母，在舅妈家巧遇了舅妈的侄女石慧珠，姑娘当时的成分不好，但她那姣好的容貌，尤其是任劳任怨的良好品格，令沈明勋这位血气方刚的知识分子不由得产生了怜香惜玉之心，他忽然心生一个念头：娶这位小他4岁的姑娘为妻。这样，有个人照顾老父亲，说不定自己还可以坚持完成学业呢！20世纪60年代的大学生用的是古老的求婚方式，托舅妈说媒。一对青年在进入实质性会谈时，有过这样的一段对话——

石慧珠问："我家的成分不好，我又没文化，你不会嫌弃吗？"

沈明勋说："不！人品跟成分没关系。"他也谈了自己的困难："你如果帮我伺候好老人，将来，我也会一样伺候你。"

没有花晨月夕，没有令人耳热心跳的喁喁情话，两个人便订下了终身。38年后，沈时勋对笔者谈这件事时犹然心怀歉疚："那当口是什么日子呀，又穷又饿，结不起婚，怎么办？1960年12月26日，我们在辽宁新宾领取了结婚证书，我俩谎对亲属说要回海龙结婚；等回到家，我俩又说在辽宁结过了。这样，我们便省去了办喜事的花费。离开大嫂娘家那一天，天特别冷，因为没钱买新衣，我便把一件破大衣给她披上，坐敞车在山路上晃了七十多里路才到火车站，差点儿被冻死。回到家中，一套旧行李，棉花都见不到本色了，我们扒下被褥面，洗一洗，就那么盖着。几天后，我才发现她辫子上的绒绳儿都是旧的……结婚十多年，我没给她买过一件像样的东西，不是不疼她，实在是囊中太羞涩。"

当了23天新郎的沈明勋又重返学校了。临别时，他揣走了石慧珠的照片。沈明勋清楚自己留给爱妻的是一副多么重的担子，当时他默默许诺："我一定要混出个人样来，然后用一生去报答她。"

果真，重返学校后的沈明勋发奋用功。为了不辜负爱妻的一片真情，他在学校过着单调节俭的生活：从不吃任何零食，不参加任何娱乐活动，校方组织学生跳舞，几乎是强制性的，但沈明勋还是以各种理由躲开了。他甚至很幼稚地想，自己不能跟别的女生跳舞，那会对不住慧珠。一有时间，他便泡在图书馆里，大学的公共教室里也经常能看到他认真学习的身影。当时，他把每月3元钱的助学金夹在信中邮回家去。他有家了，有家之人要有丈夫的责任感，他想。寂寞时，他会看着石慧珠的照片写家书……"有一年妇女节，我花了8分钱，买了一对发卡随信寄回去，我感觉自己将这个世界上最为菲薄的礼物送给她，但它却深含了我最真挚的情意。"说这句话时，沈明勋的眼圈红了。

这对新婚夫妻就这样盼呀盼，终于盼到了放假。那时放假期短，20天左右，这点时间，沈明勋还要在学校滞留三五日，写小说、写剧本，他做的这一切只为了当初的那个承诺。而他的妻子对此从无怨言，两个人之间有一种默契，仿佛所做的任何一个决定都是事先商量好的，想起来，执行就是。沈明勋在校读书的6年时间里，石慧珠在家侍奉公爹，一次娘家也未回过。难怪知情人说："都看人家感情好，瞅瞅他们走过的路，一般人谁行？"石慧珠说："有山靠山，无山独立！"38年来，她就是这样相夫教子，直伴到夫君成为名人。

沈明勋初学微刻时，就认定找到了适合自己发挥才智的最佳途径。那些年他几乎钻进了石头堆里，一块石头，在他的眼里反复端详，最后随形就势，哪怕是一条裂痕，一点斑疤，经他的巧妙利用，均可化腐朽为神奇！人和石融为一体，浑然难分！有时，石慧珠会假装生气道："明勋啊，我看你就跟石头过去吧。"沈明勋思维敏捷，立即诙谐地狡辩道："我可不就跟石头过了多半辈子了吗，石慧珠，你就是那块无价之石，无价之宝玉呀！"

慧珠，慧珠——慧眼识珠？你难道早就预见到沈明勋有如此辉煌的今日了吗？当然图他的才华，又不全是图这些。生活很复杂……不怀疑夫君的才华，可这一天来得是何其艰难啊！石慧珠七年如一日地照顾着公爹，公爹的衣服都是由她来洗补，一日三餐更是由她亲自料理，每天忙完家务，她怕老人寂寞，还总去陪他说说话。石慧珠的真诚付出，沈明勋看在眼里，记在心里，他对她更多了一份愧疚之情。

1963年春天，沈明勋在一次洗澡时，偶然发现自己腿上生出了玉米粒大小的一块白点，他不由地一哆嗦：原来他们学校附近就有一位白癜风患者，老头子的头、脸、脖子全花了，听说他当年就是由一粒白点发展来的。沈明勋赶忙去找那位老人，得到的竟然是他最害怕的结论：的确是白癜风！他又马不停蹄地去找了一位名医，得到的回答是不能治。与此同时，他写给《中国青年》杂志的求救信也得到了答复，回信说，白癜风目前国内外尚无治好的先例，希望他能坚强起来云云。捧着这个热情洋溢的鼓励，沈明勋却心如死灰，他想到了苦守在家的爱妻。那时的他不敢写信给她，便直接寄给了在卫生院的父亲，岂料这封信让石慧珠看到了。看完信后，她半晌无语。她头一次向公爹要了点儿钱，去省城看丈夫。沈明勋万万没想到她看了那封信，便高兴地去火车站接她。大山沟长成的人儿怎能不领她去逛逛长春？可是石慧珠却淡淡地说："我哪儿也不想去。我是来看你的，不是看长春的。"但沈明勋还是硬拉着她去了胜利公园。在那里，石慧珠根本无心游玩，长春真的与她无关。就这样，两个人默默地走了好久，她突然说："你的来信我看了。"声音是那样的平静。此后几十年共同生活，她与丈夫交谈一直用这种口气，一位默默无闻的普通妇女，竟显示出了宠辱不惊的大将风度！沈明勋说，他经受的风风雨雨太多了，所以什么大事也不会让他冲动起来，但当年在胜利公园那句看过信的话，却如石破天惊震得他半天说不出话来！他屏住呼吸，等待着对方的"判决"！石慧珠默默问道："那病有生命危险吗？"沈明勋说："那倒没有，只是将来这张脸会变得奇丑无比。""没生命危险就行。"石慧珠说，"只要有你这个人在，别的都不重要。"沈明勋提着的心终于落下了，他长长地舒了一口气。

就是因为娶了这样一位善良可人的贤妻，沈明勋下定决心不能留一张花脸给她。他翻遍了中医书籍，居然被他找到了控制自己病情的小秘方，直到他应邀去了新加坡！

都说，女为悦己者容。男为不为悦己者，只看爱得有多深！

大学毕业后，沈明勋并没有取得多大的辉煌，他仅仅是当上了一名中学教师。与此同时，灾难接踵而至：岳父被下乡知青反复批斗，不堪其辱，最后自杀身亡了；父亲沈国章原是对中国民族工业有杰出贡献的民主人士，后来日寇入侵东北，强行夺去其财产，老人不得已弃商学医，在卫生所工作，这番遭劫，遇上清队运动，又被说成是逃亡地主，工作丢了，工资没了，七十多岁的老人还被迫顶着大雨修河，日子过得甚是艰难。沈明勋夫妇此时已被分到浑江市（现已更名为白山市），那点儿工资接济了老父亲，所余无几；而他们的二儿子患乙型脑炎，求医问药，花费良多却药石无功……这么多灾难压在如此脆弱的小家庭上，怎么承受得了？沈明勋去梅河口看望父亲，为了省区区几块钱，他坐了6个小时的拉煤火车。为了减轻家里的负担，石慧珠便去当临时工。短短三五年时间，这个女人干了无数工作。为什么？模样儿好一些，这被一些女性视为得天独厚的优越条件，却成了石慧珠的沉重包袱！不断有负责人对她发出某种暗示，而她见状就会躲得远远的。在那个年代，跟她一同干临时工的同事先后转为正式职工，而她却成了临时工"专业户"。"巴结"不好领导，她只能干最脏最累的活儿。石慧珠有股不向逆境低头的犟脾气，在她看来，脏活累活还挣得多呢！男人要棒劳力才能挣1.86元钱，而她凭着力气和骨气，偏就拿了这个一等工！有一次，她挑砖头上跳板，一步踩空，从二层楼上跌落下来，而此时，一块百余斤重的巨石也从楼上掉了下来，差一点就砸到她的脑袋上了！对此，石慧珠坦然一笑："该井里死，河里死不了！"次日，她照常上工。并非是她不珍惜生命，丈夫的担子这么重，她不分担，谁来分担？记得有一段时间，公爹来家里小住，一间十几平方米的小屋，挤下了三代六口人，而石慧珠所干的临时工恰值打楼板，要上夜班。劳累之余，回家连个能趟下来休息片刻的地方都没有，对此她毫无怨言。在上夜班时，单位会提供一顿夜餐：一碗饭，一碗炖肉——要知道，在那个年代吃一回肉实在不易！贤惠的儿媳妇把肉汤倒进饭里吃下，肉却带回去孝敬了公爹。

石慧珠嫁给沈明勋多年，一直说自己从小不爱吃肉，见了肉就恶心，连丈夫都信以为真。后来，等他们家的日子越过越好时，沈明勋才发现，她不仅能吃肉，而且吃得很多！此时的丈夫才恍然大悟，原来妻子只是想把自己的那一份省下来给大家吃。

后来，石慧珠患上了一种神经性癔症，紧张劳动过后，一休息，马上就会抽搐乃至休克。因为怕在别人面前出洋相，也怕用人单位挑剔，这个瘦弱而坚强的女子在干临时工的七八年间，竟然在别人休息时也不休息！有知情人见状就对沈明勋说："你媳妇身体都这个样子了，怎么还让她干活呀？"沈明勋回家劝说妻子，怎奈妻子淡淡地回道："不干怎么办，你有别的办法吗？"第二天，她又继续上工去了！

其实，沈明勋也是个重情重义的男子汉，别人对他稍有恩惠，他总想着报答一二，更何况是自己的妻子。

妻子每吃中药，他必要先尝，过半小时后，才许她沾唇，他要替她先试药。为了能更好地照顾妻子，他干脆学起医来。精诚所至，金石为开，他后来在医药方面也变得小有名气起来。

石慧珠在嫁给沈明勋的第15个年头，才收到丈夫送给自己的第一件贵重的礼物，一件带毛领的外套。她看了后欢喜地嗔怪道："家里不宽裕，

这得花多少钱呀？"

如今，这对夫妻熬过了艰苦岁月：石慧珠在市政府的后勤部工作，而沈明勋磨砺长白玉石，苦研微刻艺术，终有所成。他的作品，有数千方流传到国外，成为很多有品位的人士争相购买来收藏、馈赠好友的礼物；屡屡在省内外展出获得大奖，并引起艺术界的高度重视。沈明勋现为吉林省长白石微艺术家协会的创始人、副会长兼秘书长、法人代表。他在获得了吉林省民间艺术家的称号后，又参加了中国第四届博览会。在270个展厅中，他以微刻取胜，博览会刊以"微刻走向世界"为题报道了他微刻的品位和成就，中央电视台录制了他的展览资料……

沈明勋辉煌了，两人间的差距骤然间拉大了。然而，要说当时只有小学文化的石慧珠嫁给了东北师大的高才生沈明勋，这差距难道小吗？其实，她早就感到了自己的渺小。石慧珠的骨子里天生就有着一股不屈不挠的精神。婚后，丈夫在省城求学，她除了操持家务，伺候公爹外，还挤出时间来读书。古今中外的名著，凡能寻得到者，她全看过了，就这一点，是很多女人都做不到的。沈明勋写的文章，她必定是第一个读者。对于文章的评论，她说得非常中肯，有独到的见地。

沈明勋和石慧珠就这样恩爱、融洽地走过了一个又一个春夏秋冬。

好婚姻是一幅水墨画

◇ 鲍丰彩

结婚时间：1965年

姥爷：脾气暴却勤快、"精于算计"却又常被人欺骗

姥姥：好脾气却极懒、大字不识一个却大智若愚

一对农村夫妻守着土地和庄稼，横跨半个世纪，相依相守，相濡以沫，把平凡的农村婚姻生活过成了一幅爱意满满的水墨风情画。

如果你有机会路过山东省莒县安庄镇南店村，当你穿过一片田野时，会看到一排排房屋鳞次栉比，村子最前排有一幢黄漆红瓦的三层别墅。推开门进去，穿过走廊去到后院，一位年逾古稀的老人，高高的鼻梁上架着一副老花镜，正在为新扦插的月季写身份牌，满院子的花草脖子上挂着日期和品种的身份牌在微风中摇晃着。老人身后明亮高大的落地窗前，另一位老人正在择一篮子芸豆，准备着这个宁静日子里的早餐。

那个带着老花镜写身份牌的老人，是我姥爷，今年76岁；那个择芸豆的老人，是我姥姥，今年75岁。

他们的婚姻，像一幅恬淡的水墨画，五十余年的光阴就是那幅巨大的画轴，以执子之手为水，以恩爱扶持为墨，不张扬，不粉饰，而这就是婚姻本来的样子。

浓淡相宜温情以待

1965年，是姥爷姥姥各自的人生日历表合二为一的年份。

1965年的中国，在"大跃进"运动和三年自然灾害之后，"文化大革命"的前夜，我的姥爷和姥姥结婚了。

在那个时兴盲婚哑嫁的年代里，姥姥姥爷却因为姨家表亲的关系从小就认识。

在姥爷很小的时候，太姥姥就带着他步行几个小时，去十几里外的村子看望太姥姥的妹妹——姥爷的小姨。姥爷长大后，由各自的父母做主娶了自己的姨家表妹。

我第一次知道姥姥姥爷原来还有这层关系是在我上初二的时候。当时的生物课本告诉我：近亲结婚，后代患病概率很高。为此，我害怕了好一段时间。我还暗地里自作聪明地悄悄观察了妈妈、小姨和舅舅，看他们有哪里跟别人不一样。幸运的是，我的妈妈、小姨和几个舅舅都非常健康。这个结论让我一度对教科书上的内容产生了怀疑。

结婚时，姥爷26岁，姥姥25岁。

那个时候的婚姻，不需要房子、车子，也没有厚重的聘礼，只要两家父母做主，男女方又不反对，便挑个吉利的日子，男方派人推一辆独轮车，讲究点儿的人家会再请一个唢呐班，几个人晃悠着挂了红绳的唢呐跟在小推车后面，欢欢喜喜地来接新娘。新娘把日用细软包在一个红包袱里，一床老棉布的大花被在独轮车上铺起来，新娘子坐在独轮车上去到那个注定下半辈子的家。姥姥就是这样坐着独轮车去的姥爷家。

在摇摇晃晃的独轮车后面，还有一辆木板车，车上放着一个四四方方的红漆柜子，那是姥姥的嫁妆。

姥姥每次回想起她出嫁的日子总是感慨万千：那时候农村穷啊，一碗白面就能换一个媳妇。那个红漆木箱子在当时也算是很洋气的嫁妆了，后来就一直放在床头，那红漆到现在还是好看得很。

这以后，姥姥管曾经的大姨父和大姨叫爹、娘，姥爷管曾经的小姨父、小姨叫爹、娘。

后来，从母亲的嘴里听说了这件事情，我还经常开玩笑，姥姥、姥爷不会是自由恋爱吧。姥姥每每听到这里总会严厉地纠正我说，当时那都是大人的主意，做子女的只能服从。哪像你们这些年轻人，敢自由恋爱，还敢对自己的婚姻自作主张。

尽管如此，在那样的年代里，在结婚前就能够相识相知，这份感情的确弥足珍贵。

水墨相染气韵万千

1978年，农村实行联产承包责任制。那时候，姥姥、姥爷已经有了五个孩子，我妈妈是老大，下面是两个舅舅和两个姨。分产到户以后，他们有了一家七口人的两亩八分地。

姥爷脾气暴躁，但是勤快；姥姥脾气好，却极懒。一开始，姥爷总嫌姥姥干活太慢，经常在地里就撂了锄头大动肝火。这时，姥姥总是不说话，姥爷再大的脾气她只装作听不见。"我要是再跟他急，火上浇油，他那火不是越着越大吗？"慢慢地，姥爷习惯了姥姥的懒散。每每地里有农活，姥爷总是天不亮就悄悄起床，蹑手蹑脚地扛着锄头下地了。等姥姥睡醒了，姥爷早就做好早饭放在桌子上了。

有一年，县里成立了农业技术学习班，好学上进的姥爷报了名。学习时间为50天，这是两个人结婚五十多年里唯一一段长时间的分离。

从村里到县城大约有60里路，没有交通工具，只能靠双脚。姥爷一般天黑就动身，用包袱包好姥姥做的粗面饼子，再带上一瓶水。一个晚上不停地走，第二天天蒙蒙亮就到了。整个路程快的时候要花费7个小时，慢的时候要花费将近9个小时。

那50天里，姥爷利用课余时间在县城的大街小巷里转悠，收集废旧烟盒，烟盒里面有一层薄薄的、亮亮的纸片，姥爷把它们打开整理好，钉在一起，反过来便可以写字。

姥爷去了学习班，一家老小和地里的活全都压在了姥姥一个人身上。

姥姥说，姥爷通常一去就是一个星期，那时候又没有电话可以联系，家里再大的事情、再重的活都指望不上他，只能自己咬牙扛着。

姥爷却说，那是姥姥这辈子最勤快的时候。

50天后，姥爷从学习班里带回了令他受益一生的果蔬种植技术，也带回了影响我们一生的对待文化知识的态度。

姥爷把家里一亩多的自留地拿出来，种上了果树，又在果树下面的空地里种上了时令蔬菜。姥爷管理果园，将哪一天打药、药和水如何配比、果树哪一天开花、哪一天挂果、每棵树的挂果率等，都事无巨细地记到一个笔记本上，年年如此。

姥爷的"精于算计"在村里是出了名的：春天在地里种花生，姥爷要提前在小本子上计算清楚，两粒种子一个窝，窝与窝间隔多少厘米，一垅需要多少粒种子；果园里经常要打药，每次姥爷总会按照药品说明书精确配比，毫厘不差。

农村原本粗放、原始的生产生活方式到了姥爷那里却变成了一种精确的实验，在一个个数字之间，他探索着农业的奥秘。小时候，我跟弟弟最爱做的事情就是跑去姥爷家，看他拿着铅笔和小本子，计算、称量、配比。再大一些的时候，姥爷指挥我跟弟弟们帮他计算、称量、配比。那是幼年时期无比快乐又神奇的体验。

可是，姥姥却对姥爷的这种精确的生产生活方式感到不以为然。从小积累的生活经验告诉她，种花生到底需要多少种子，到了地里就知道了，大不了多带一些种子，如果实在不够就回家取，来回的时间也好过一笔一画的计算。可姥姥仍旧会在姥爷计算的时候帮他递上烟卷，再跟他一起把那些精确到个位数的种子挑出来，一颗颗地埋进土里。

另外，姥爷一生都保留了在学习班养成的读书看报做笔记的习惯。姥爷从1980年开始就订阅了《山东科技报》和《健康报》，是村里乃至整个乡里订阅报纸最早的个人。尽管那个时候，一份报纸的钱足够一家人一个星期的生活费用。

姥爷的床头有一个槐木书架，是姥爷亲手做的，里面塞满了姥爷订阅的农业技术书刊报纸和他做的笔记。

姥爷的生活经验是勤劳致富，但是勤劳的前提是要懂科学技术。所以，在他心里，学习是一辈子都不能停下来的事情。

他的五个孩子也深受影响，每个人都掌握了一门手艺：母亲和二姨初中毕业后去省城济南学习缝纫技术，回来后各自开了裁缝铺；大舅初中毕业后学习汽车驾驶，后来成了那个年代英姿飒爽的国营车站司机；二舅一直念到研究生毕业，现在已经成为一位了不起的中医了；小姨高中毕业后读了医学专科学校，成了一位救死扶伤的白衣天使。

姥爷不仅为这个农村家庭注入了科技知识的源头活水，还帮着姥姥识字扫盲。空闲时间，姥爷会拿一块纸板在上面写上简单的汉字，一遍一遍地教姥姥读写。姥姥也一板一眼地跟着读、跟着写。现在，姥姥读书看报都已经没有任何问题了。

云在青天水在瓶

1994年，改革开放的春风把这座小城吹醒，菜场、布店、饭馆、鞋店、百货大楼，满街都是。这一年，姥姥最小的闺女——我小姨要结婚了。

在五个子女中，姥姥姥爷最疼小姨。为了风风光光送小姨出嫁，姥姥把家里所有的积蓄300元钱交给姥爷，让他去给小姨置办嫁妆。

去县城的客车轰隆隆地启动了，姥姥扒着车窗冲姥爷喊："钱小心带着，城里人可不老实。"

那300元钱被姥姥用针线缝到了姥爷的裤腰上。姥爷拍拍腰带说："放心吧。"

客车一到站，姥爷就往百货大楼赶。进大楼之前，姥爷就近找了个公厕上厕所。出来的时候，姥爷与一个戴着鸭舌帽的中年人擦肩而过。只听这人"哎呀"一声道："大哥，先别走，这是你的钱吗？"

听说是钱，姥爷本能地用手摸了摸腰带，所幸钱还在。姥爷回过身来，发现在他和鸭舌帽男人前面的地上有一个黑色的钱包。

"这不是我的钱。"

鸭舌帽男人快步上前弯腰捡起，打开钱包，里面那一摞红色百元大钞让姥爷倒吸了一口凉气：他从没见过这么多钱。

鸭舌帽男人走到姥爷跟前，又冲厕所门口神秘地望了一眼："就咱俩人，我数数多少张，咱俩分了吧。"

姥爷看着鸭舌帽男人一张一张地数着。

数到一半时，鸭舌帽男人抬头说："大哥，太多了，不数了，要不然这些都给你吧。你把你身上的现金给我就行，多少我不在乎，谁让咱俩一起碰上这事了呢！"

看着鸭舌帽男人递过来的钱包，里面估计不下20张，自己兜里才3张，这个交易明显是自己占了便宜。

姥爷打开了腰带，从裤子里摸出来那300元钱。

鸭舌帽男人走后，姥爷也快速离开了。他的心跳得很快，这些钱相当于他几年甚至十几年的收入。那一刻，他脑海里浮现了很多从此以后家里变得富裕了的生活场景。

找了个僻静的角落，姥爷颤抖着打开钱包，取出那一摞百元大钞。突然，脑袋"嗡"的一声，他踉跄倒地。

那是一摞用手一摸就知道的假钞，而此时的鸭舌帽男人早已没了踪影。

姥爷就这样失魂落魄地在县城转悠了一天。一开始，他掐自己、拧自己，希望这是一场梦；再后来，他又开始懊悔自己不该见钱眼开、鬼迷心窍：小姨的嫁妆，还有一家人的日子……

突然，另外一个更强烈的念头开始在姥爷脑海中盘旋：怎么跟姥姥交

代？姥姥还在家里等着小姨的嫁妆呢！如果让姥姥知道真相，就凭姥姥的急性子，非得急出个好歹来。

姥爷当天空着手回去了。他跟姥姥说，找了家家具厂定做，那钱当作押金，改天去取货的时候多退少补。

那些天，姥姥欢欢喜喜地给小姨做新被子、新衣服。姥爷则每天出门去邻村家具厂帮忙，老板终于同意赊给姥爷几件家具，一年后还清。

一年后，姥爷终于还清了这笔钱。这时，他才战战兢兢地跟姥姥坦白了一切，准备接受姥姥的数落。而姥姥却说："你当时应该跟我讲的，这么大一笔钱，你得多心疼啊，这一年里你受了多少苦啊！"

姥爷选择一个人默默承担，姥姥则心疼姥爷的一个人承担。姥爷有担当，姥姥有怜惜，如此才是一个家。

水墨互融相濡以沫

2012年，姥姥、姥爷结婚已经47年了。彼时，他们的五个孩子也已经儿女绕膝了。

姥爷节俭，母亲和小姨们送去的鸡鸭鱼肉总舍不得吃，直到快要坏了才肯下锅。为此，姥爷和姥姥都曾因为急性肠胃炎进过医院。

姥爷住院是因为吃了放置时间过长而坏掉的肉。那天下午上吐下泻的姥爷被扶到二舅的车上，此时二舅是县中医院的主治医师。姥姥急匆匆地跟在姥爷后面，等把姥爷扶上车，她也跟着上了车。姥爷一把摁住她的手："咱儿子在呢，你不用去了，放心，他照顾着就行，不是大毛病。"姥姥执拗着一定要去。姥爷把另一只手也摁到姥姥手上："家里有鸡鸭鹅狗，还有地里一摊子活，你去了，家里怎么办？再说了，你这一辈子也没离开过家，别折腾了，放心吧！"

姥姥最终看着二舅的车消失在了那条路上。

后来，同样的事情发生在了姥姥的身上。那天，他们炒了小姨几天前送去的冬瓜，表皮已经腐烂，姥姥不舍得扔，就炒了吃了。

几个小时后，正在剥花生的姥姥扔下花生米，扶着墙站起来，呕吐不止。

等出租车在门口按响喇叭，姥爷已经收拾好姥姥的身份证和钱，扶着姥姥出了门。

在姥姥住院的四天时间里，姥爷无微不至地照顾着她的饮食起居。

十几平方米的病房一共三个床位。二舅让姥爷晚上去他家里睡，这样睡得踏实。姥爷哪里肯，连忙说："我走了，你妈就得睡不踏实了。"晚上，他在姥姥病床边的地上铺了一张席子，和衣而卧，照应着姥姥的每一次呻吟。

我"不怀好意"地问姥爷："你自己住院的时候，家里有一摊子大事小事要姥姥留下，怎么姥姥生病了你却跟着去了？"

姥爷笑了笑说："这么多年来，你姥姥被我照顾习惯了，对我太依赖，我去了她好得快些。家里的鸡鸭鹅狗让邻居给照应一下就好了。"

其实，姥爷这话只说了上半句，而被他的笑容隐藏的下半句是：只有寸步不离的陪伴，姥爷才能放心。

姥姥在五十余年的时光里，早已习惯了姥爷无微不至的照应，就像一幅水墨画，是水融于墨，也是墨溶于水，水墨相融才能渲染出丰富的层次和意境。

水墨生情岁月静好

年逾古稀的姥姥姥爷，倘若在城市里，早该享受清闲的退休生活。可是在农村，只要守着土地、守着庄稼，只要花生还要除草、玉米还要施肥，只要天干了得浇水、风大了得扶秧，他们就得忙。

2016年的一天，二舅说，要给姥姥姥爷盖个新房子。从我知道这个消息到我四个月后回家，一座气派的三层别墅已经立在了村口，红的瓦，金的墙，还有大大的落地窗。

别墅后面，姥姥姥爷原先的老房子还在。姥姥说，二舅想让他们住大房子，可是他们年纪大了，行动不便又不像年轻人那样干净，生怕弄乱、弄脏了新房子。

姥姥和姥爷结婚的五十多年时间里，从没发生过惊天动地的事，他们含辛茹苦地拉扯五个孩子，安安稳稳地守护着这个家。这就是好的婚姻，水墨互染，浓淡相宜，不造作，也没有附加，恬静从容，却气象万千。

他们相濡以沫，却从没有跟对方谈过情说过爱，有的只是大多数农村人过的最平凡的日子，这样的日子里有酸甜苦辣，有柴米油盐，有喜怒哀乐，却没有风花雪月。

也正是在这样的日子里，他们在酸甜苦辣中相互扶持，在柴米油盐中彼此陪伴，不嫌弃，不抛弃，执着地相守，默默地相依，这就是他们从不曾说出口的爱，这就是他们天长地久的水墨风情。

真情如水

◇ 非花非雾

> **婚龄：39年**
>
> 父亲：无依无靠的苦命孤儿
>
> 母亲：娇生惯养的独生女
>
> 无依无靠的苦命孤儿遇上一对心地善良的母女，孤儿有了家和妈，母女有了一个可以依靠的男人。两个命运迥异的人搭伙过起了日子，在平平淡淡的日常琐事中有了亲情，如水一样绵长，似水一般幽深。

每一位妙龄少女的心中都有一个梦想：待到长发及腰时，与一心仪的郎君携手步入婚房，一生相守，不离不弃！

而现实往往与梦想相差了或近或远的距离。

母亲18岁的时候出落得足以称得上美人了，她高挑的身材，白皙的皮肤，椭圆的脸庞，乌黑油亮的长发梳成两条齐肩的辫子。母亲的美不是"漂亮"的那种，她的眼睛不太大，单眼皮，微微有些三角眼，鼻子隆准也不长，略显扁平。因为生过天花，脸上还有两三颗若有若无的白麻子，街坊邻居背后叫她"麻子琴"。

当地人送我母亲"外号"，估计也是心理不平衡所致。因为母亲是当时整条街上唯一一个去大城市读过大学的人，而且还是个女子。后来，由于三年自然灾害，她被迫中途辍学了。在县地质队工作了一年有余。地质队解散之后，她只好返回了生产队。东街小学成立时，她成了一名人民教师，一边教学一边务农。

因为读过书，她有了自由恋爱的思想，却没有这种勇气，乡里的适龄人又都入不了她的眼。有一位远房的表哥在部队当兵，书来信往，很中母亲浪漫主义的情怀。可是，三年后，远房表哥转业回来，到县城外一个兵工厂上班。见了面，反而没有了书来信往的感觉。传统保守的外婆在得知了这件事后，像自己做错了事一样顿时感到面红耳赤，一个劲儿地摇头说不行。

母亲是独生女，独享外公外婆的宠爱，条件看起来非常好，令同龄人羡慕。然而，母亲到了谈婚论嫁的年纪时，一个现实的问题摆在了面前，但凡家中还揭得开锅，没有人肯送儿子给人家做上门女婿。外公外婆最终也只能断了这个念头。

后来，县城南邻村落的一户人家有三个儿子，老三人长得精干，人品也端正，外公外婆便将母亲嫁了过去。城关与城东仅隔着一条汝河，城里与乡村的差别，还有母亲被娇生惯养了18年，处理不好婆婆妯娌之间的关系，使这段婚姻渐渐出现了裂痕。娇纵惯了的母亲一言不合便收拾衣物回娘家，然后等着丈夫上门来赔礼道歉。也就是一年有余的时间，结婚时是麦头，到了第二年麦收后，外公的身体一日不如一日，病倒在了床上。他希望女儿女婿能到家里来长住，他一身木匠的好手艺和一份不大的家业也好有人继承。但是，夫婿家不同意。母亲赌气住回娘家，悉心照料起了外公。外公的病疑似肺结核，一日重过一日，医药费花了许多，却不见疗效，终于撒手人寰。外公活着的时候，徒弟朋友一大帮，三天两头酒来肉往，去世后却只留下了孤儿寡母，这帮人不来扶助，反将债务变做债权，将家中值几个钱的物什都抬了去。母亲的夫家听说了母亲家中是这样的情形，吓得面也不敢照，就提出了离婚。

母亲和外婆相依为命，教书、种地、帮人看孩子、到县医院洗被单、给人裁衣服剔鞋样儿、代人写信，辛苦而收入微薄，日子像流水一样过着。当时，母亲对婚姻心如死灰，但她无论如何也想不到在县城以北翻过凤山的穷山村井沟，会有一个人，几年后来到她的身边，与她结为伉俪，不离不弃，相守一生。

父亲命运的悲苦，与母亲相较，有过之而无不及。父亲兄弟四个，他是最小的。在他不到十岁时，爷爷便病故了；二十来岁时，奶奶也去世了。父亲在外做工人，收入刚好够给大伯治病的，就这样维持了几年，大伯也病故了。父亲成了年近三十的大龄单身，而且单得干脆彻底，除了一身衣物和一只装杂物的黑木板箱，便再无长物。回到井沟村，葬了大伯，望着二伯三伯空空如也的家和分给自己的紧靠山崖的一处空地，父亲将泪憋了回去，孑然一身地离开了故里。

姻缘天定估计就是这样子吧，一个无依无靠的孤儿遇上一对相依为命的母女，孤儿有了家和妈，女儿有了一个可以依靠的男人。

父亲用一个月的工资为母亲买了一块布料，还有一包糖，加上从亲戚处借来的30元钱用一个新洋布包袱皮包了，托媒人送到母亲家下了聘，议定了"好日子"。

外婆住的上屋山旁有半间放杂物的瓦房，临时收拾干净，放上一张柴床、一张两屉带暗箱的实木桌，这便成了婚房。

结婚那天，父亲穿一身藏蓝色的中山装，抱着他那只黑木箱从西城外机械厂集体宿舍来到外婆家。母亲穿了一件黄黑格子上衣、蓝色裤子，等在屋里。在大队干部的主持下，他们对着上屋毛主席像鞠了三躬，又对着外婆鞠了一躬，就完成了婚礼仪式，并将糖果分送给前来观礼的邻里。三天后，父亲一早回到城北围着旧宅转了一圈，又到爷爷奶奶的坟上磕了头，告慰了一下二老，让他们不要再为自己的婚姻大事担心了。

一对苦命人搭伙过日子，一旦过到柴米油盐，便有诸多的琐碎，慢慢磨人性子。性格急躁、耿直单纯的父亲，个子中等偏上，但在那些人人忍饥挨饿的岁月里，街邻都很瘦，很少有高个子，他们给父亲取了一个外号，叫"丁大个儿"。在生产队开会、学习时，母亲在上面念报纸、文件，就有人小声在下面念着："个子高不算富，格外多穿二尺布。"这话让母亲感到面红耳赤。母亲手里不停纳的鞋底子也比别的妇人要纳得长一些，为父亲织毛衣，也格外费工夫。

东街小学常常夜里开会，父亲便去接母亲，母亲在同事们的哄笑里甚觉难堪，嗔怪父亲，不让他来接，但是父亲依旧如故。

一次，母亲在水田里浇自留地的稻谷，从一条小渠改个水沟，将水引入自家田里。上家是一个很霸道的人，不顾母亲的央求，将水闸得死死的，一定要将自家很大一块稻田的水蓄满了才肯放水。眼看着天黑了，外婆一人在家，父亲也不知道下班了没有，母亲只好一个人无助地等着。

这时，父亲寻来了。他总是能凭直觉猜出母亲在哪儿，并准确地找到她。父亲与那人理论，还吵了起来，结果是人高马大的父亲占了上风，那人不得不让出一个小口，让两家同时进水。母亲这才体会到父亲的好！两个人在天黑透时总算将地浇完了，相随着走在田间的小路上，父亲牵起了母亲的手。两个人结婚一年多来，那一晚才风和雨顺。母亲多次回忆说，就是那一晚她怀上了我。

随着大妹妹的降生和父亲调往外地工作，母亲兼顾不了学校、农活，这里需要补充一下的是外婆是旧时代的小家碧玉，自小缠足，行动不便，嫁入家境极好的外公家，少奶奶的生活没过多久，就解放了。后来，她因弟弟意外身亡，急火攻心成疾，身体一直很弱，不能下地劳作，甚至很少出大门，只能帮着母亲带带我们姐妹俩。父亲每个月的工资不多，却掰成了三份来花：一份给外婆买药，一份给我们姐妹做开销，一份还要存着应急用。母亲常常要精打细算地过日子，因为她是真的被苦日子吓怕了！

母亲从学校回到生产队，完完全全成了农民。在20世纪70年代的县城，这是最能体现城镇户口与农村户口不平等的城乡接合部，辛苦与种种不如意，让母亲的脾气变得越来越暴躁。以至于稍有不顺心，她便对父亲发脾气。父亲对这个家的爱却深沉而稳定。在我的小妹妹出生时，中国开始实行了计划生育政策。父亲没有一丝重男轻女的思想，将三个女儿都爱如珍宝。只有一个男人的六口之家，却默默尽着一个男人的担当。

我常把他们之间的争吵归咎为他们文化程度的差距，但是，又似乎不是这样。父亲也很爱读书，他在卧室安了整个马道的第一盏电灯。晚上，母亲在灯下织毛衣或纳鞋底，父亲就读从图书馆借来的小说，给母亲讲书里的情节。这也让我从小受到了文学的熏陶。

我们的家庭关系非常简单，没有婆媳妯娌的矛盾。母亲的焦虑与挑剔是她作为独生女从小在外公外婆的娇宠下养成的，也是成年后辛苦生活磨砺的。

一条老城壕边的东马道，寻常巷陌，烟火人家，夫妻争吵也都是平常事。

父辈那样的夫妻关系，有许多可称道的，也有许多不可言说的。以前，我总觉得自己不能像父母那样生活。

在我的记忆里，父亲从来没有买过一件让母亲满意的东西，最令我感到郁闷和无奈的是"买肉"了。

当年买肉要到西大街食品公司唯一的零售铺里去买。看着操刀的师傅捡了膘最厚，没有骨头的地方一刀下去，闪着油光的一长条肉颤颤地挂到秤钩上，秤杆高高地翘起，师傅吆喝一声："一斤八两二，总共一块两毛四，我就收你一块两毛钱吧！"父亲豁达地从口袋里掏出母亲给的一块钱，再从几张零钱中抽出两毛递过去，用手里的报纸包了肉，对着我一摆手："走，回家包饺子吃。"

我满心欢喜地跟在父亲后面，蹦蹦跳跳着回家了。

一进家门，父亲炫耀地冲母亲哈哈笑着："看，一块钱，足足一斤八两二，肥油厚着呢！"

母亲就用做家务磨粗了的手指拿起肉看了看，撇嘴道："这么大的一块肉皮，炼了油，硬邦邦的，吃都吃不动。"接着她又夸张地尖叫道："咦，这里怎么有指头那么大的一块寸骨。你看看你买的这叫啥肉？！"听到母亲的这种声调，我们都紧张了起来，一大早起来买肉的好心情瞬间跑得无影无踪了。

接着，母亲就进屋拿了秤，勾了肉秤起来，大声嚷道："还说一斤八两二，你自己看看少了多少。知道你是老实疙瘩光叫人糊弄了。"

父亲皱了皱眉，像吃了苦瓜似地，跺了几下脚，忍一会儿，一声不吭地提了水桶，打水去了。吃过早饭，父亲拍了拍我的头，和气地说："赶紧上学去吧，中午回来吃饺子。"然后，他对着上屋里的外婆说"妈，我走了"，就上班去了。

母亲的小气和挑剔是出了名的，在我的印象里，父亲从来没有买过一块令她满意的肉，可是买肉的任务却总是落到父亲头上。后来，连我都看不下去了，嘟哝着："我妈可真小气。"父亲却训斥我："你那么大方做什么，咱挣钱容易呀？"原来，父亲是理解母亲的，理解她那颗被拮据生活磨砺了的心。

后来，当母亲又对着父亲买回来的肉挑三拣四时，我和妹妹会立刻跳出来说："这肉买得真不错，瘦肉多，没骨头，肉皮也去掉了。"

母亲一看我们那么说，便反驳道："他买的价钱肯定贵。""肯定不贵。因为爸爸和卖肉的认识，人家白送给他也是常有的事情呢！"

看到母亲还想说什么，我打断道："大家都别说了，反正咱爸这辈子是买不来让咱妈满意的肉了。"

母亲听出了话里的意思，便不再吱声了。

母亲干活很舍得下力，也要求我们不准偷半点懒。每次搬拿东西，都是母亲帮父亲背起最重的，然后她挑比父亲轻不了多少的东西拿，最后她还会让我拿一份力所能及的。父亲背了重物，就鼓足了劲儿径直往前走，很快就把我们落下了一大截。我那时是极希望父亲走慢点儿，陪我们一起走的。当我们还在吃力地往前赶时，父亲已经到了目的地，只见他放下重物就折返回来。于是，我满心欢喜地等着父亲来接我，父亲却从我身边走了过去。只见他接过母亲肩上的重物又赶了上来，母亲则紧走几步接过了我拿的东西，吩咐我做别的事情去了。这些日常的细节在当时只道是平常，是理所当然的小事，母亲更是从来没有在意过。现在父亲走了，母亲才真正感受到了父亲的好，感受到父亲对她这份深厚的爱，才知道自己当初是身在福中不知福。

我和老公结婚后有很长一段时间是和我父母住在一起的。母亲常常鄙夷我对老公的百依百顺，我也很反对她对父亲的动辄发火训斥。老公做了许多生意，我不赞成他的折腾，于是对他的事不管不问。一次，我和父亲带着我儿子划船玩，父亲终于忍不住说："夫妻俩的事，你该问该帮也得问问帮帮。觉得不对的、不应该那样做的，也得劝劝管管。我不是叫你和他吵架，你要好好和他说，他应该能听。这样赌着气啥也不问，啥也不说，有啥用？"

没想到，父亲会单独和我说如此推心置腹的话，一直以为父亲从来没有在意过我和我老公呢。我感激地点了点头。

由于缺乏经验，老公的生意还是赔了，一大笔债务可以慢慢还，房子的分期款却不能等，无奈之下，我们和父母商量，退了房子，先搬回娘家借住一段时间。父母毫不犹豫地腾出了两间房让我们搬回去，并不断教导我们要节俭度日。

父亲和母亲的年龄越来越大了，相帮相随的时间多了起来，生活也日渐宽裕了，但母亲还是会突然因为一点点小事不称心就对着父亲发脾气。这时，我老公就会走过去劝说道："有啥大不了的事，就这样发起火来了？有什么事不能商量着办呢？要不是爸脾气好，让着你，早都跟你闹得过不下去了。"

母亲不好意思地笑了笑说："唉，早些年让苦日子把脾气磨坏了，一遇到事就想发火。其实，对你爸我也没啥不满的，还不是全凭我记挂着他的吃喝冷暖。"自此以后，母亲发火的次数也少了不少。

父亲并不是一个软弱的人，他的脾气是出了名的"直""暴"。当年因为有人欺负母亲，父亲抽了一根木条就奔上了街，吓得那家的男人躲在家里三天没敢出来。可是对于母亲的苛责，父亲却从来没有回过嘴，对我们姐妹的顽劣也从来没有动过手。我们姐妹都记得母亲常常被我们气得咬牙切齿地对父亲说："你都不敢打她们一顿，惯得她们上了天。"父亲就训斥我们说："该听话就得听话，要不是看你们搁不住我这一巴掌，我可真要打你们了。"

父亲病重的时候，浑身痛得直打战，从床头辗转到床尾。因为怕影响母亲休息，他要和母亲分床睡，但母亲不肯，说要陪在父亲跟前才觉得踏实。她总是鼓励父亲说，为了孩子们也要支撑下去。

背地里，母亲却冷静地为他准备好了临行的衣物和长眠之地。那是一个鸟语花香、依山傍水的地方，父亲和母亲一起在那里种下了几十棵杏树，当时父亲开玩笑说："将来咱们就埋在这里吧。"母亲当时也说那个地方好。

父亲临终之前拒绝母亲再为他买药治病，一向只管把钱交给母亲的他，反复询问母亲还有多少钱，让母亲把存款拿到跟前过了目，才放心地说："我要走了，这些钱也够你花了。"

他一生中亲手花出去的最大一笔钱就是临行前用九千九百多元钱给母亲买了一份保险。

父亲离开了我们，怕母亲孤寂，我们也曾想让她再找个老伴。母亲却说："你们少管我的事，我现在过得挺好的。想玩就和老太太们出去一起玩，老三忙了，我帮着她带带孩子，等小外孙大了，我也老得不能动了。"

也许母亲的心里并不空虚，父亲留下的关怀可能是她一生慢慢品味不尽的美酒吧。

也许夫妻之间有一种爱情，是在平平淡淡的日常琐事中出现的亲情，如水一样绵长，似水一般幽深。

幸福生活源于理解你的不容易

◇李寒烟

婚龄：60年

由于妻子未及时送女儿就医，女儿被烧坏了脑子；

由于丈夫不顾妻子的反对一意孤行，让原本已经小赚了一笔的生意最终血本无归，还欠下了更多的债……

生活中的坎坷和艰难，有时候足以压垮一个家庭。然而，丈夫和妻子却一直坚守着这个家，努力地生活着，最终成了别人眼中幸福的楷模。

他们的秘诀是：幸福生活源于理解你的不容易。

我在单位是搞宣传的，经常会出去做一些采访工作。这次，我要采访的是小区里的一对老夫妻，这对老夫妻都已经超过85岁了，婚龄也有六十年了，听说这对夫妻很特殊，结婚这几十年间从没吵过架，夫妻关系非常和谐，老两口现在的身体都不错，平日里出双入对，令周围的人羡慕不已。我怀着无比崇敬的心情采访了这对老夫妻。他们的生活轨迹和夫妻相处之道令我思索良久。

一起面对生活的坎坷

生活没有一帆风顺，近六十年的风风雨雨怎能没有坎坷，回忆起最艰难的时候，老赵禁不住泪流满面。他们夫妻一共生养了4个儿女，最艰难的时候是孩子尚小的时候。那时老赵有好几年时间在离家80多里地的水库上干活，一两个月难得回家一次，而妻子一个人既要干农活，又要照顾孩子，生活过得非常艰苦。

这一天，老赵请假回家了。刚回到家，他看见妻子正在推磨，而两岁多的小女儿正在发烧。因为当时医疗水平低，有个小病小灾的，大家根本就没太当回事。

他询问了女儿的病情，妻子说不要紧的，以前也经常发烧，睡一觉就好了。因为第二天需要早早地赶回水库干活，睡过头半夜，老赵起床试了试女儿额头的温度，还在发烧。

"要不带二妮去看看吧！"老赵和妻子说。

"不要紧的！你放心去吧！"妻子说。

"我还是不太放心，带她去看看吧！"老赵对妻子说。

"就是去看，也得等到天亮了，这黑灯瞎火的，怎么看呀？你放心吧，等天亮了，我就带她去！"妻子边说边为他收拾东西。

等妻子收拾完东西，老赵就背着东西动身了。

自从离开家，老赵对孩子一直放心不下，但是那时由于信息传递不方便，交通也不方便，等他再次回到家的时候，已经是三个月之后了。

一回到家，老赵第一件事就是去看二妮，二妮望着他，痴痴地笑着。

老赵忽然觉得二妮的笑不像从前，但是一时间又说不出不同在哪里，他抱起二妮仔细地看着。

"二妮怎么了，我怎么感觉她不太一样了呢？"老赵问妻子。

"是呀！"妻子默默地低下了头。

"什么时候发生的事？"老赵急忙问道。

"就是上次你回来的时候。她发烧一直不好，我就带她去看医生，医生说烧得太厉害，怕是对神经系统造成了损伤！"妻子小声地说，"等她病好了，就这样了！"

"叫你早点带她去看医生，你偏不，这可怎么办呐？！"老赵大发雷霆。

那天是他平生第一次和妻子吵架，吵得很厉害。妻子跟他争吵了几句后就不再说话了，只是呜呜地哭着。

后来，他们带着孩子去过大大小小的好几家医院，都说没法根治孩子的病。

此后的很长一段时间，老赵总是觉得对不住孩子，越是觉得对不住孩子就越是生妻子的气，于是争吵声便不绝于这个家庭，孩子们的脸上也没有了往日的笑容。妻子更是整天以泪洗面。

后来，他整日借酒浇愁，生活得异常低落。

"事情都已经发生了，根本没法改变，再说，这也不全是你妻子的责任，即便都是她的错，她也不希望孩子这样呀，如果你再这样下去，不但不能解决问题，而且会使你整个家庭的生活状态更差！"这一天，老赵的一位叔叔开导他。

经叔叔这么一说，他才认识到在这件事上，从一开始自己就错了。这种处理方式只能使事情变得更糟，使整个家庭的生活状态变得更差。

此后，他改变了自己的生活态度，整个家庭又有了欢笑声。

"通过这件事，我明白了一个简单的道理，那就是不管发生了什么事都不要相互埋怨，尤其是发生了令人心情不愉快的事，更应该如此。因为不管是谁，都不希望遭遇坎坷与艰难。其实，闺女这样我也有责任。如果我一回家就立刻带孩子去看病，或者第二天不去干活而是带着孩子去看病，也不会造成这样的结果。现在妻子已经非常难受了，我再同她过不去，岂不是让她更难受。再说，妻子没有及时给孩子看病的客观原因有很多：一是当时家里穷，没有钱，一般的病都是扛一下就好了；二是交通不方便，当时村里没有医生，看病需要到邻村去，而去邻村需要翻过一座山，来回十几里路，得用半天多的时间；三是当时家里孩子多，事务多，里里外外有干不完的活，根本不可能孩子一不舒服就立即带着去看病。"老赵一边抽烟，一边慢慢地说着。

也许是经过了几十年的风风雨雨的缘故吧，重新讲述起这些事情来，老赵讲得很慢，有一份经历过人生沧桑后的淡定与从容。

共同努力，生活会慢慢好起来

"你们一开始生活在乡下，是什么时候搬到城里来的，这个小区的房子可一点也不便宜呀！"我好奇地问老赵。

听我这样问，老赵给我讲述起了他的奋斗史。

到了20世纪80年代，国家实行分田到户，他不再在外面干活，而是选择回家种田，但是由于地里的收成有限，家里一点也不富裕，再加上孩子的身体不好，他还得经常带孩子到各处去看病。这年冬天，他带着孩子到临县的县医院去看病的时候，无意中发现那个地方的柿饼比自己家那边的便宜很多，而且自己家那边的市场需求量比较大。于是，他抱着试试看的心态多买了一些。回到县城的集市，他很快就把柿饼卖完了，还赚了三元钱，在当时来说，这可是一笔不小的收入。从此，他开始了贩卖的生意。

一开始，他只贩卖柿饼。那个冬天，他一次次来回在临县与本县的路上，赚的钱也越来越多，每次的购买量也在不断加大。再后来，他贩卖水果的品种也在逐步扩大。在别人看来，贩卖水果只是个小生意，赚的钱不多，但是日积月累，收入也不少，自己的生活水平也就慢慢上去了。

随着水果生意越来越好，一开始他自己干，后来他的妻子也来一起干，再后来他做起了水果的批发与运输。生意也越做越大。

有了钱，有了时间，恰好当时又有人打算和他合资做一个白酒的生意，他觉得不错就投了5万元。经营了一年之后，盈利5万多元，那是20世纪90年代初，收入这么多已经很不错了，再加上家中的水果生意，他们家变得越来越富裕了。

这时，他代理的那家白酒搞区域代理，为了赚到更多的钱，生意合伙人打算把自己的批发部升级为全县的唯一代理商，可是要做县级唯一代理商的话，需要投资30多万元，而他需要投资10万元。

他觉得这个生意不错，因为如果做了县级代理，肯定能赚更多的钱。可是妻子觉得这样做有风险，一下子投进去这么多钱，万一亏了，那就惨了。虽然他苦口婆心地想说服妻子，但妻子还是不同意，无奈之下，他只好背着妻子投资了。

投资后，他才发现自己被骗了，因为那家酒厂的业务员在拿到钱后，根本就没有到酒厂去办理业务，而是直接逃之夭夭了。

因为具体的事情是合伙人操作的，他只能找合伙人，可是合伙人觉得自己也很无辜，因为以前开展业务，都是和这个业务员联系的，这个业务

员以前非常守信用，从来没有出现过类似的情况。

此后的很长一段时间，他们一直在设法寻找那个业务员，并且也报了案，但是一直未果。

对妻子来说，一开始她就不同意他搞这项投资，现在出了事，妻子很生气，埋怨他也是难免的。但是妻子并没有像一般人那样又打又闹，而是平心静气地和他分析起了这次投资失利的根本原因。

他原以为妻子不会再同意他继续搞投资了，结果却恰恰相反，妻子把家中的全部积蓄都拿出来给了他，鼓励他继续搞投资。为此，他深受感动。

经过半年多的慎重考察，这次的投资他做了两个方面的改变：一是不再与那位合伙人合作，而是自己独立经营，对投资的重要环节进行慎重而全面的了解；二是在自己熟悉的领域投资，这次他投资的是水果批发生意，那就是从外地拉来水果，在市场上做批发。

功夫不负有心人，他的水果批发生意越来越好，赚的钱也越来越多。再后来，他还在城里买了房子。家庭生活也变得越来越幸福。

不要在孩子和外人面前争吵

"再后来的生活，就应该一帆风顺了吧？听说你们的关系非常和谐，一直是大家学习和羡慕的对象。"这天，在小区外面的小亭子里坐着的时候，我问老赵。

老赵笑了笑说："哪有这样的事情呀？只要有生活，就会有矛盾，就会有冲突，所以对于家庭生活来说，矛盾是时时处处都存在的。"

"按你的理解，你觉得夫妻之间产生矛盾的根本原因是什么？"我问他。

"对于社会和生活，每个人都是有自己的认识和理解的，对同一件事，两个人的意见不会完全一样。当两个人的意见相去甚远的时候，势必会面临选择的问题。这时，夫妻之间一定要进行商议，当然一般夫妻都是这样做的，但是如何商议却是一个重要的问题，有很多夫妻表面上是商议，骨子里还是会把自己的意见强加在对方身上，这并不是真正的商议，顶多算是告知而已。真正的商议是两个人都说出自己的想法，然后说出自己为什么打算这样做，同时让对方来分析自己的观点到底是否正确。这样就能清楚地看出各自观点的优劣了。"老赵慢慢地说道。

是呀，老赵把事情分析得如此透彻，势必会对夫妻之间应该如何相处有深入的思考和体会。

"夫妻之间的观点有所不同是再平常不过的事了，爱对方不是无原则地迁就对方，一方对另一方的迁就表面上是爱，但是如果对方的做法本身是错误的，最终容易使对方在错误的道路上越走越远，从长远来说，会使夫妻之间产生更大的矛盾。"老赵接着说。

我觉得老赵仿佛给我上了一堂生动的夫妻之间应该如何相处的课。

"怪不得你们夫妻之间能够相处得如此和谐呢！"我感叹道。

"没有矛盾和冲突那是不可能的，人是有感情的动物，道理归道理，在具体做的时候，还是会产生矛盾的。"老赵笑着说。

"能说一下你们夫妻之间产生矛盾的例子吗？"我问。

"矛盾太多了，因为生活本身就是复杂的、未知的。譬如在子女找对象的问题上，我们两个人的意见就不一致；在如何教育孩子的问题上，我们的意见也不一致；在子女的职业选择问题上，我们的意见还是不一致……"老赵滔滔不绝地说道。

真想不到老赵和妻子会有这么多不同意见。

"对这些有不同意见的地方，你们是怎么处理的？"我问老赵。

"当然，我们会先商议，然后决定到底如何选择。其实，在很多问题上，我们根本不知道如何选择才是正确的，这根本不是商议就能够解决的！我们选择了一条路，可能就会放弃很多条路，每一条路都有许多坎坷，当我们被一条路上的坎坷困扰时，一定不要相互埋怨！"老赵说。

我觉得老赵的话非常有道理，于是感慨道："难怪你们不会吵架呢！"

"谁说我们不会吵架，这些道理不一定正确，但却是我这几十年的切身体会。至于吵架，我们当然也会吵，只是很少有人知道罢了！"老赵笑着说。

"我们对于吵架，从来都是坚持以下四个原则：第一个原则就是不在孩子面前吵架，第二个原则就是不在双方的老人面前吵架，第三个原则就是不在外人面前吵架，第四个原则就是不在对方身体不舒服的时候吵架。"老赵说。

老赵看着我一脸疑惑的表情，忙解释道："夫妻俩如果在孩子面前吵架，会让孩子感到无所适从，这对孩子的教育非常不利，甚至会影响到孩子的人生观。至于不要在老人面前吵架，也很好理解，老人养育了我们，我们感恩都来不及，怎么能在老人面前吵架呢，如果我们在老人面前吵架，哪怕是很小的一件事，也可能会让老人担心许久、牵挂许久，所以不在父母面前吵架是最好的孝敬。至于不要在外人面前吵架，这涉及夫妻之间的脸面问题，在外人面前吵架就等于把生活里面最不好的一面展示给了别人，如果对方是从内心深处关心你的朋友，那难免会影响对方的心情；如果对方是希望你过得不好的人，在他们面前吵架，对方反而会幸灾乐祸。所以无论从哪个角度考虑，我们都不要在外人面前吵架。至于最后一点，显而易见，如果爱人生病或者身体本来就不舒服，而你偏偏要和他（她）吵架，这是最伤害夫妻感情的。"

听完老赵的话，我感慨颇多，从内心深处对他产生了深深的敬佩之情。在这里，我衷心地祝福二老晚年幸福、健康长寿。

◇雷晓云

嫁给他，真的很值

结婚时间：1965年

母亲说："芬呀！那刘志宽家负担太重……他从小就有心脏病……他再有才，画画唱歌能当饭吃？"

父亲说："你这死闺女——你非把我气死不可啊！"

她最终还是没有听从父母的"苦口婆心"，选择了那个在她心底深处永远是能写会画的全能好丈夫。

27年的苦中作乐，27年的相依相伴，留给了她无尽的美好回忆。

志宽离开我已经整整27年了！在这27年的日日夜夜里，我无时无刻不在思念着他。我们在一起仅仅度过了短短27年的时光，病魔就夺走了他年仅50岁的生命。由于时代的原因，27年的时光里，志宽没有过上几天好日子。虽然他已经离开了我，但我感觉他一直陪伴在我身旁……

1962年，因教师调整，龙尾小学的外县教师都被调回本县了，急缺教师，大队就挑选了一批品学兼优的回乡中学生来教小学低年级的学生。我很幸运地被大队选上了。

当时我十七八岁，对工作充满了热情，备课、上课都非常认真。我脾气好，善良大度，和学生的关系融洽，学生也都非常喜欢我。我的教学成绩特别好，很快受到了全校师生的一致好评。

学校里有个刘老师，当时正带着个还在吃奶的孩子。因为我很喜欢孩子，就经常过去逗孩子玩。她回到家中便情不自禁地向家人说起我的好，说得多了，刘老师的弟弟刘志宽心想："这姑娘到底是何方神圣，值得我姐姐如此称赞？我得想法儿见见。"

志宽是龙尾村的翘楚，巩县二中的高才生，只是命运弄人：第一年高考，他父亲忽然生病，他拉着架子车去给父亲看病就耽误了高考；第二年高考，赶上他父亲去世，又没参加高考。因为他数理化成绩特别好，所以被推选为生产队会计。他还爱好作诗赋词、吹口琴，更擅长水墨丹青。

1963年秋天，刘老师又要生孩子了，需要找一个人来代课。志宽就毛遂自荐，到学校当起了代课老师。到学校的第一天，他便四处寻我，课间操铃声一响，他就站在队伍最前面等着我出现。那天，我上身穿了一件白色短袖衬衫，下身穿了一条月白色的西裤，扎着两根齐肩的辫子，衬着一张白里透红的苹果脸，一双会说话的丹凤眼顾盼有神，浑身上下透着青春的气息。志宽的眼前一亮："呀，怪不得姐姐时常夸赞，真是个小巧玲珑、标致的玉人啊！我得赶紧把她追到手。"在我们婚后二十多年的时光里，志宽经常提起第一次见到我的情景。

志宽下定决心要与我结为伴侣，就想方设法开始追求我。然而，当时的我已经订婚了。我父亲当过军医，与一个战友关系甚好。有一次，他俩在洛阳关林相遇，互谈家中情况，战友家有一男孩名叫锋，河南医科大学毕业后，在县医院当外科医生，与我年龄相仿，两个父亲愿结秦晋之好。很快，我们见了面，彼此都很满意就订了婚。但志宽却不以为然，他认准的事九头牛都拉不回来。

每天早上，我总是第一个到办公室打扫卫生的人。于是，他也如此，甚至比我更早些到学校，以此来增加和我接触的机会。放学了，我一般会在办公室或校园的合欢树下看会儿书再回家，于是他也这样，并且他还从别处借来《林海雪原》《红岩》《红日》等书籍让我看。有一天下午放学后，他见我在合欢树下看书，就走过来轻轻地对我说："芬，我喜欢你，做我的女朋友，嫁给我好吗？"听到此言，我又羞又怒，郑重地对他说："我有男朋友了，我们已经订婚一年多了，我们两家是世交，他还是县医院的外科医生。"

"这我都听说了啊，但他们那个县离咱们这儿几百里地，又不通火车，坐汽车得走多长时间啊？"

"结了婚，我就去那儿，不用来回跑了。"

"你去那儿放心二老吗？二老就你这么一个闺女，两个弟弟还小，你忍心抛下他们吗？再说，那边山高路远，树林茂密，多见石头少见人，哪像咱们村这样交通方便……"说着说着，他就唱了起来："一条大河波浪宽，风吹稻花香两岸，我家就在岸上住，听惯了艄公的号子，看惯了船上的白帆……姑娘好像花儿一样，小伙儿心胸多宽广……"我不搭理他，起身快步跑出了校门。志宽见我没发脾气，就发起了更猛烈的攻势。

有一天早上，他写了两首诗放在我的办公桌上："生命诚可贵，爱情价更高。为了芬妹妹，一切皆可抛。""我是喜鹊天上飞，芬是山中一枝梅。喜鹊落到梅树上，石磙打来也不飞。"我悄悄地将它们夹在课本里，爱情的种子已经在我的心里发芽了。

后来，他又来发挥了他的优势：一是时刻跟着我，我走到哪里都甩不掉他；二是截我的信件，每当我未婚夫锋的信到达学校后，他总是拆开来先看，看完后再给我看，对此我是又生气又无奈；三是吹口琴，每天放学后，他就在我出现的各个地方吹口琴，口琴声时而凄凉低沉，时而婉转悠扬……我的心随着口琴声时而柔软平静，时而波涛起伏，我开始有点不知所措了；四是画画，他在能画的地方都画上了一幅仕女图，里面有王昭君、西施、杨贵妃、貂蝉，还有我，以此来大造声势。一天早上，在校门外办黑板报时，他先在上面画了一幅我的肖像，下面写了一些字。中午放学时，老师学生们都从校园里走了出来，看到志宽老师画的像是我，都争相往黑板前挤，队伍一会儿就乱了。没几天工夫，校园里、村里都知道了志宽老师在追我。志宽已将舆论营造好了。接下来，他对我说："全村人都知道我爱你，咱们不如顺应革命形势，结婚吧？芬啊，今生除了你，我谁也不娶。我一定会让你幸福的！"听着这些发自肺腑的表白，我害羞地依偎在志宽那宽广的怀里，幸福地闭上了眼睛。

我以为幸福就这样来临了，却没想到家中的暴风雨才刚刚开始。

父亲一听说我要和未婚夫退婚，嫁给刘志宽，便怒中火烧："我和锋他爸是几十年的老战友，小芬呀，你这么做让我的老脸往哪儿搁呀？"

母亲更是鼻涕一把泪一把地劝说："芬呀！那刘志宽家负担太重，他爹死了，家里孩子还多！他从小就有心脏病，你又不是不知道。他再有才华，画画、唱歌能当饭吃吗？"

"爹，锋家离咱家恁远，哪有志宽家离咱家近啊？有啥事也能帮上忙！"

"帮忙？帮啥忙？越帮越忙！就他那身体还帮忙，顾住自己的命就不赖了！你还小，你知道那病有多大劲儿？他都是哄你哩！听爹的话，嫁给锋，他当医生，你当老师，这多好呀！你咋就想不开呢？生活是一辈子的事啊！他那病怏怏的身子，我的闺女呀，这可是一辈子的事啊……"

"爹，娘，恁说的我都想过了。俺俩志同道合，他对我好，这就中了。俺俩都是民办教师，他还兼着咱生产队的会计，都能挣工分，肯定饿不着！我知道他身体不好，我就愿意伺候他！"

"你——你——你这个死闺女呀——以后有你受的——我和你爹会害你吗？"母亲哭着说。

"我现在就给锋他爸写信，春节就结婚，省得夜长梦多！"

"中！中！赶紧写！这要是传出去像啥，咱这老脸都没地方搁啦！"

"要结婚，恁俩去结吧！我不结！"

"你看看，你给她惯成啥样了……"

没想到，志宽竟然提前给锋写了一封信，大意就是，我和他是自由恋爱，锋和我是父母包办婚姻，应该解除婚约。锋接到信就懵了，不知道咋回事。还是他爹反应快，当天就让锋请了假，两个人颠簸了一天的车赶了过来。

"生智，这是咋回事啊？是锋惹芬生气了？这落款是刘志宽，刘志宽是谁？"锋的父亲又气又急地说，"这芬可是和我的闺女没啥两样，这锋可是和你的亲儿子一样，逢年过节他礼数没走全还是……"

"我——我——唉！都是我教女无方啊，唉，你——你——多担待！我正准备给你写信说俩孩子完婚的事，小孩子就是一时冲动。你来了正好，咱趁势商量商量他俩结婚的事！"

"中！中！芬，锋还给你带了东西呢！锋——锋——"

锋是个沉默寡言、不善表达感情的人。他从提兜里掏出一支英雄牌钢笔递给我："这是我刚发的钢笔，没舍得用，你好写东西，就给你捎来了，你用吧！"望着锋，看着钢笔，我的眼泪流了出来，毕竟我们已经谈了一年多，虽然不能常见面，但我们也曾有过美丽的过往。

是啊，爹娘养我这么大不容易，他们会害我吗？俺叔说的也很有道理，不光俺叔说，村里那些稍微读过书的人也这样说。峰他爹真是把我当亲闺女看待，听爹娘的话没错。锋抱住了我，说："芬，咱结婚吧？结了婚，咱就去我家，就没人敢欺负你了，中不中？"

"嗯——你不在意刘志宽信上说的？"

"你长得好，谁都想娶你。一家有女百家求，咱俩结了婚，他就不敢再打你的主意了！"

"爹，咱赶紧回去吧，我就请了一天假，明天还得上班！"

谁知道这时志宽就在门口拐角处藏着，等锋一走远，他就到我家对我爹说："爹，全村人都知道我在追芬，我喜欢她，她也喜欢我。俺俩是自由恋爱，现在不兴父母包办。难道你要做老法海？你问问芬想和谁结婚？芬，芬，你说，你想和谁结婚啊？"

"你——你——志宽，你欺人太甚了！"

"芬，咱给咱爹跪这儿，看他答应不答应！"说着志宽拉着我"扑通"一声跪到地上了。

"你这死闺女——你非把我气死不可啊！"我必须承认一点，一看到志宽，我就当不了自己的家了，他说啥就是啥。也许这就是月下老人拴好的红线，也许这就是摆脱不了的命运。

1965年，我们举行了简朴而又热闹的婚礼。志宽家条件不好，我心疼他，不仅没要一分钱彩礼，连结婚的喜糖也是我自己买的。婚后，我们两个人一同上课，一同回家，田野里、小路旁、洛河边、柳树下……都留下了我们浪漫的身影。

　　他待我非常好，从不嫌我笨。因为娘家就我这么一个闺女，父母很是疼爱，很少让我干家务活，所以我的女红向来不是很好。

　　婚后有了孩子，给孩子做冬天穿的衣服，我做着里边的内里，志宽就蹬缝纫机做着表儿，做完了，他再把里表套在一块儿，让孩子试试，看哪里不合适了再改。

　　志宽在家还是个兄长。我在他面前，无论做啥都是对的。用现在的话来说，他就是"宠妻狂魔""痴汉子"，他一看见我就笑。有一次，我把几十块钱夹在《红旗》杂志里，不知什么时候掉在地上了。他啥也没说，只是偷偷地捡了起来。

　　还有一次，我熬汤把锅底都烧了。志宽说："没事，锅烂了就再买一个。"他连一句责备的话都没有。

　　每年过春节，去娘家的礼物都是他准备的，准备得还特别合我的心意，我啥都不用管。

　　志宽不仅待我好，对待乡亲也是如此：谁家娶媳妇嫁闺女，他都会给人家漆风门和板箱，在上面画画。每逢春节，只要有人找他写对联，他从不推辞。他成了村里有名的"模范丈夫"，"人家刘老师"就成了村里媳妇们的口头禅。

　　那时候，生活条件很艰苦，根本不兴旅游。但只要一有空，志宽还是会带我去郑州公园、洛阳公园玩。

他身体不好，我非常心疼他。结婚之后，我从没有让他挑过一担水。往后十几年家里吃的水，都是我弱小的身躯一担担挑回来的，直到搬到岭上的新家通上水管。地里的重活，我从不舍得让他干，担粪、锄玉米、掰玉米、拉犁扯耙、割麦打麦……

放学回来，我们就一块儿做饭，一块儿洗衣服，一块儿哼着"树上的鸟儿成双对，绿水青山带笑颜……你挑水来我浇园……夫妻恩爱苦也甜"，每每唱到此处，我们总会相视一笑。

我以为这一辈子会这样幸福地生活下去了。

然而，天有不测风云，人有旦夕祸福。1967年，大儿子大伟呱呱坠地，我们这个幸福的家庭又增添了无限乐趣。但当时的农民们忙于参加游行、批斗，无心种庄稼，地里收成不好，粮食不够吃。志宽家人多，还有一个未娶过亲的叔叔也需要他赡养，母亲年迈，弟妹尚幼，家庭的重担全落在了他一个人身上，他累病了，是阑尾炎。当时，县医院做不了这个手术，需要到河南医学院附属医院去做。当时医院正在揪斗"反动学术权威"，他的主刀医生就是其中之一。还没给志宽动完手术，趁着停电就慌忙出去参加批斗"学术权威"大会了，留下助手点着灯把他的伤口匆匆忙忙缝好了。志宽手术后没有得到很好的护理，没几天肠子就粘连了，只得动第二次手术。这两次手术也埋下了他日后不断犯病的祸根。十天动两次手术，志宽得受多大的罪啊，得多长时间才能康复啊？！我带着孩子在医院护理，志宽的弟弟来回跑着筹钱筹粮票。好不容易弄来一点票，就赶紧给志宽买点有营养的东西。我当时啥也不想，就想着志宽能赶紧康复。志宽在村里很有威望，得知他病了，大家都急坏了：村里的标语谁来写？大队的账咋算……全村上下都在传着这个消息：刘老师在郑州住院，阑尾炎动手术又肠粘连了，不通气，生命危在旦夕，都赶紧去弄点票给刘老师送去吧！志宽一病倒，我感觉天都塌了。我哭了一场又一场，心中不住地祷告："苍天啊，你开开眼，保佑志宽痊愈吧！他有什么病，请你转到我身上，求求你，保佑他健康平安吧！"

也许是我的诚心感动了上天，也许是病该好了，志宽的肠粘连好了，气也通了。不但我高兴，家里人、全村人都高兴。在医院住了将近一个月，我和志宽回来了，但志宽的肠胃还需要调养，在饮食上要吃些细粮。然而，那时一年每人只能分到七十多斤麦子，麦粒恐怕都得数着吃，这一家老小十几口，怎么让志宽养病啊？考虑再三，为了不连累家人，也为了让志宽的身体赶紧恢复，我们决定分开过。志宽的两个弟弟也长大了，定亲结婚也迫在眉睫，拔个萝卜地皮松，我们一家出去也好，家中的地方也可显得宽敞些。可是，到哪儿去安身呢？我想到了学校的分院，那里有两个窑洞是学生教室，一个是老师办公室，还有个供奉火神爷的小窑洞。于是，我们就在这个窑洞里放了一张床，用砖头支了个案板，垒了个简单的煤火，去供销社代销点要了几个纸箱，盛放衣服和锅碗瓢盆等物品，新家就算安成了。记得那天把家安顿好已经是夜里十一点多了，我累得浑身像散了架，但仍然强打起精神对志宽说："从明天起，我负责照顾这个家，你安心养病，啥事也不要管，感觉有精神了，就逗逗孩子。"志宽笑着唱道："寒窑虽破能避风雨，夫妻恩爱苦也甜。"

志宽动过手术之后，我更是不舍得让他干一点活儿，生怕他再累着，只要他在我身边，我就是幸福的。我每天早上起床，第一件事就是先给志宽打个荷包蛋，再用少有的白面搅一碗白面汤，安顿志宽喝完，我便喝点加南瓜的玉米糁，就几根自己腌的萝卜条，然后去上课或下地干活挣工分；中午回来，我再用白面为志宽擀一碗捞面条，煎一个鸡蛋，拌点院子里种的西红柿，让孩子也吃上几口，等他们都吃过了，我就用红薯面擀点面条连汤带水吃了；晚上上班或下工回来，我会先问志宽感觉怎样，再边给他熬汤，边讲些在外边听到的趣闻轶事来逗志宽开心，以免他在家感到无聊。

在我的精心照料下，志宽的身体逐渐恢复了。恰逢当时村委会急需志宽回去工作。志宽不顾自己的身子还没痊愈，就一个人开始了村委会给他的一项巨大的工程——画毛主席像和写标语。画像非常艰苦，毛主席像有两米多高，所以需要先搭好架子，再爬上去画，他每天不知道要上上下下多少次！那时的他，忘记了自己是个病人，需要人照顾。他的身体已经很疲惫了，需要休息，对此他全然不顾，依旧风风火火地干着他的事。

1977年，全国恢复了高考。志宽这个高中生又派上用场了！为了能使学生考上好学校，志宽带领一批有真才实学的老师，根据学生的实际情况因材施教，争分夺秒地给学生上课，节假日也不休息。在他们的辛勤努力下，龙尾学校成了全公社乃至全县考上重点高中人数最多的学校，龙尾村毕业的学生也成了孝义镇考上名牌大学最多的一个村。全公社的教师都来龙尾学校参观学习，听观摩课。志宽当时已经是教导主任了，既要教数学课，还要负责全校的教学工作和学校的建设，他一天到晚忙得脚不沾地，严重透支了体力。

1984年，孩子们都已长大，分院的房子再也住不下了。志宽就想着趁暑假把家里拾掇拾掇，那时刚时兴预制板盖房，他就带着几个年轻人做预制板，硬是一次性在岭上居民区盖起了六间平房！1985年10月，我们就搬进了新家。

"芬，嫁给我怎么样？我说话算数，一定让你过上幸福的生活！看，咱也算是咱村为数不多的第一批搬到岭上居民区的人吧？"

"志宽，我的能写会画的好丈夫！我从来就没后悔过嫁给你！"我动情地说。

"等歇个一两年，我再给仨孩子一人盖一处，咱想住谁家就住谁家！一群小孙子围着咱……太阳啊霞光万丈，雄鹰啊展翅飞翔，龙尾风光无限好，叫我怎能不歌唱？翻身农奴把歌唱！幸福的歌声传四方……"结婚这么多年了，这是志宽第一次发自肺腑地歌唱。"幸福的歌声传四方，传四方——"我也跟着唱了起来。这些年来，我们忙于教学工作，忙于养孩子，就是没有忙于调理志宽的身体，我也以为老天爷把志宽的病给忘了。

1988年，初中合点，龙尾学校的初中部合到石灰务初中，志宽当时负责岭上居民区建小学的工作，留在了小学。待龙尾学校小学搬迁完毕，他的身体已经疲惫到了极点，干什么都有点力不从心了，但他并没在意，仍处在兴奋之中：三个孩子已长大成人；结婚二十多年后，终于建起了属于自己的单家独院的六间平房！娶了一个儿媳妇，赶上了党的好政策，他还想办个预制板厂，厂名都想好了，就叫"龙尾预制板厂"……他觉得美好的生活才刚刚开始，事业才刚刚起步，太多的事情都等着他干呢！他不敢停下来，生怕自己的事情不能干完，每天到家吃完饭，稍微歇一歇就又去上班了。

1991年夏天，老大媳妇添了一个小孙子，志宽更是乐得合不拢嘴。我看他高兴我就很高兴，志宽啊，我的能写会画的好丈夫，我真没有选错人！我这辈子，值了！

正当幸福的生活向我们欢快地招手时，病魔也想起了他。1991年阴历腊月，志宽彻底病倒了，住进了医院。疲惫的他终于有时间休息了，我们又能时时刻刻在一起了。在病房里，我们回忆着年轻时候的事情，回忆他怎样吹口琴、画画，谈论婚后生活的艰辛，谈论改革开放后的幸福生活，憧憬以后"家里装电话、楼上喊楼下"的美好生活。我想让他再给我吹吹口琴，但他已经没有力气吹了！我想让他再给我画幅画，写首情诗，但他已经没有力气拿笔了！我这能写会画的好丈夫啊，为了让我们全家能过上好的生活，却把自己累倒了！病最重的时候，他疼得实在是受不了，就对我说："芬，要不是为了你，我都不治了。"

"说啥哩，咱都快好了！"我强忍着眼中的泪安慰道。

有一天，他的精神状态特别好，我把被子垫到他腰下，让他半靠着墙，我依偎在他怀里，他紧紧地拉着我的手，依然还是含着笑，动情地对我说："芬，我真是没追错你，没选错人，你真善良，娶了你，我这辈子太值了！"

"芬，这些年，你跟着我受苦了，真是委屈你了。我们的小康生活才刚刚起步，等我身体康复后，咱俩就不干民办教师了，整年带毕业班，真是费心费力。出院后，我去办个龙尾预制板厂，收入也高点，咱要好好享受享受这幸福的生活。"

"是呀，咱是该歇歇了。我的能写会画的好丈夫！"我含着泪附和着说，看志宽精神这么好，我想着他的身体就要康复了，就对前来陪伴的两个孩子说："晚上不可贪睡，看好你爸，我今晚上回家看看，明天早早就来。"在家我也一夜没睡着，天未亮，小三儿就上气不接下气地跑回来："妈，妈，俺爸被抬进抢救室了！""啥？！你爸被抬进太平间了？！""妈，不是太平间，是抢救室！"我坐在三儿的自行车后边，脑子一片空白，向医院狂奔而去。

"志宽怎么样了，有生命危险吗？"我急切地问道。

医生冷静地回答："正在抢救。"我在急诊室外急得不停地落泪。孩子们拉着我的手，安慰我说："妈，爸爸不会有事的，他会好的。"

苍天啊，请你保佑志宽恢复健康吧，他这一辈子太苦了，让他过两天好日子吧！等他好了，我一定加倍对他好，保护他。老天爷呀，你行行好，赶紧让他醒过来吧……我不停地祷告着。

抢救室的门开了，志宽被推了出来。"刘志宽家属？"我和孩子一齐围了上去。"准备后事吧！"医生严肃地说。"志宽啊！志宽啊！你可不能走啊！你走了，我可咋办呢？"我大哭起来。三个孩子也都趴在父亲身上大哭起来。志宽待人宽厚，一大家子的弟兄姊妹十几个人也都在医院陪护，当下雇了两辆拖拉机，一辆拉着我、孩子、志宽，志宽鼻子上插着氧气管；另一辆拉着亲属，十几分钟的时间就到家了。我强忍着悲痛，挺直了腰杆，料理了志宽的后事。他的很多学生也从全国各地赶回来送他最后一程。

按农村规矩，两口子中的一个人走了，出殡时，另一个人必须往相反的方向走，免得先走的那个人纠缠另一个人。而我却不信这一套，其实当时我就想随着志宽走了！我勒着白头带，随着送葬队伍送过学校，送过水渠，一直把志宽送到大队部拐弯那个券门处，过了券门就是坟地了。

志宽走了，家里的天塌了！我也不想活了！我躺在床上几天不吃也不喝，精神恍恍惚惚的。

一天晚上，繁星满天，志宽走了进来："芬啊，怎么能不吃饭呢？人是铁饭是钢，一天不吃心也慌。"我捶着他的胸，大哭道："刘志宽，你这个骗子！你骗我，你说过咱俩同生死共患难，为什么刚五十岁，你就把我撇下了呢？"

"不是我要走啊，是天庭把我抽走了啊！但我对天帝说了：我不能抛下我心爱的芬！我得天上人间两头跑。天帝就答应了。我是自由的，天上人间可以自由往来，这不回来了嘛！"志宽温柔地说。

"真的？"我将信将疑道。

"真的，以后我只要有空，天天都会回来和你在一起的。但是你要答应我，要健康幸福地活下去。像你现在这样不吃不喝，不梳洗不打扮，像啥样啊？咱还有两个孩子要娶媳妇，咱还得帮他们盖房子、看孙子，这些任务都需要你来完成啊，振作起来吧！来，小鸟儿来梳妆，蝴蝶来歌唱，先洗洗脸——"我顺从地让志宽为我梳洗打扮。

"天亮了，我该回天上上班了。"

"志宽！志宽……"我一下子急醒了过来，想起昨晚的事。是梦？是幻觉？还是真的？我相信昨天晚上梦中的一切都是真的！是啊，我还不到50岁，一辈子还长着呢，为了志宽，为了我们的孩子，我也要振作起来！

今年，我已经76岁了，志宽离开我已经整整27年了。在这27年里，国家发生了很大的变化，我们家也发生了翻天覆地的变化，又盖了一处房子，三个孩子每人一处。我赶上了好时代，党的政策好。虽然我是民办教师，没有转成公办教师，但镇政府给了我们退休金。公办教师涨工资我也跟着涨，我们家现在是四世同堂：三个孩子都娶了媳妇，又生了三个小孙子，大孙子又给我生了一个小重孙。孩子们都非常孝顺。我觉得我现在生活得非常幸福，这也是志宽希望看到的。这辈子，我找了这么好的一个丈夫，嫁给他，真的很值！

我自豪，我是我父母的孩子

◇ 田耿

> **结婚时间：1990年**
>
> 当浪漫文艺女遇上了正宗理工男……
>
> 一个喜欢鲜花巧克力，一个觉得大米白面更实在；
>
> 一个喜欢务虚，一个喜欢务实；
>
> 一个情感丰富、爱读书、爱幻想，一个踏实、稳当、实在；
>
> 当两个脾气秉性完全不搭调的人过到了一起，他们时而甜蜜形影不离，时而别扭生气互不搭理，但是他们却把日子过成了自己想要的模样。

世界上的爱情模式有很多种：相敬如宾的、同甘共苦的、打打闹闹的、克制隐忍的、娇宠溺爱的、夫唱妇随的。每一对夫妻都在用他们的相处模式演绎着人世间的爱情故事，每一对父母都在用他们的述说描绘着家庭生活的真实，每一对有情人都在用他们的经历镌刻着感情生活的真谛。

到2017年10月，我的父母结婚就到27个年头了。27年的婚姻生活，在历史的长河中不算短也不算长，如果要用一句话来描写他们的生活似乎很难，因为有时候他们的相亲相爱比小年轻还要甜蜜、心手相连；但有时候，他们也会像孩子一样不时地闹点小别扭、互不搭理。然而，无论是现在还是以后，我都感到特别自豪：我的父母就是中国优秀父母的一分子，我的爸妈就是勤劳善良、包容豁达的楷模。因为无论是在养育我的过程中，还是在孝顺父母、友爱亲朋和勤勉敬业以及慈善奉献的道路上，父母都为我树立了一道标杆、一个参照。

在平常的家庭生活中，更多的其实就是鸡毛蒜皮；但是能够让它们有条理地舞动起来，却需要家庭成员的心手相携和砥砺前行。1990年10月1日，父母刚结婚那阵子，两个家庭的情况都不是很好。

母亲家那边的情况要稍微好一些，父亲家这边的大家庭，情况就比较特殊了。当时，我奶奶病得很重，已经卧床不起了，我爷爷得了脑瘤。而此时父亲远在北京上班，每周只能回家一次。

刚脱下红嫁衣的母亲不得不投入到家庭生活的紧张忙碌中去：白天母亲要上班工作，下班后要照顾公婆，有时还要过问一下正在生病的妯娌，如果还有时间才能抽空回家看看自己的父母。

那时的母亲没有享受过一天新娘子的待遇，但她却没有一句怨言，也没有一句牢骚。因为她深知嫁给了一个人，就是嫁给了这个家庭。而且父亲在外面工作，她绝不能再让他操心这个家里的事了！这个朴素的念头，就是支撑母亲顽强生活、无怨无悔的最基本信念和最真实写照。

父母刚结婚那会儿没说过一句甜言蜜语，也没有表达过一句矢志不移的话，但他们却用行动践行着对彼此的爱和忠贞。

不是一家人，不进一家门。父亲和母亲一样，都是那种行动重于言语的勤快人、老实人、本分人。他们在勤恳工作之余，紧密地围绕着自己的两个家庭，忙碌地付出着、辛勤地耕耘着、忠实地坚守着。

在20世纪80年代，为了补贴家用，姥姥在农村开了家小商店，经营一些农村人常用的烟酒茶糖、日用百货、服装鞋帽。小商店里每天的流水很大、出货进货也更加频繁。姥爷在单位上班，基本顾不上这里，姥姥只能一个人忙里忙外。这时，父亲便会蹬着一辆三轮板车，频繁地往返于姥姥家商店和县城取货的路上，以此来减轻姥姥的负担。

大夏天里骄阳似火，父亲和母亲两个人，一个蹬着板车、一个推着板车，艰难地行进在崎岖的路上；热了，两个人抹把额头上的汗水；饿了，吃一口带着的馒头咸菜……忙碌中带着满足，甘苦中透着甜蜜，边走边聊边干，在外人看来异常辛苦的场景，在父母心中却是欣慰的满足和甘美的回忆。

家里的日子开始一点点好起来了。随着我的出生、长大，父母工作之余的重心又放在了对孩子的教育上。跟其他家长不同，对于孩子的教育问题，我的父母没有像其他的家长那样，凡事以孩子为中心、凡事围着孩子转：别的孩子上学都是由爷爷奶奶、爸爸妈妈接送，而我呢，父亲只接送了我一个月，便告诉我熟悉路线，鼓励我自己一个人走；妈妈呢，在墙上列出了一个每天必须携带的物品清单，比如红领巾、小黄帽、水杯、卫生纸、课本，然后让我每天晚上自己对照检查。"自己的事情尽量自己做"，这个行为理念一直是爸爸妈妈对我的教诲，更成了迄今为止我一直以来的行事理念。

对于孩子的学习，我的父母是既重视又不重视：他们重视的是学生对老师的尊重，是学生对老师的礼貌。高中三年时间，母亲每年教师节都会让我给老师写贺卡：感恩老师的教育，感谢老师的培育和付出……这些耳濡目染的习惯和熏陶，直到参加工作以后，我都一直认真保留着。

对我的学习不重视，表现在每次考试排名之后的点评会上：刚从郊区学校进入北京五十中高中那阵子，我的学习成绩很不理想，好几次全班排名都在二三十名。面对老师的谆谆告诫，面对每次排名的巨大压力，父母从来没有给我任何打击和压力，"考得不错，把那些错题改过来就行了""不用跟任何人比较，只要今天的你知道努力就足够了"。在父母这样包容、豁达、激励的力量中，我的学习成绩反倒开始逐渐攀升了。积极的心态、豁达的心胸、阳光的敞亮、进取的意识、永不退却的精神，让我在走进大学后如虎添翼。

其实，父母就是孩子的第一任老师，他们的言传身教就是给予孩子最棒的礼物。我的父母都是工薪阶层，工资有限，但是他们一直在规划、总是在探讨，力争把有限的工资规划得井井有条。每个月发了工资，爸爸妈妈都会想着给长辈买些礼物、送些零花钱；每个月会留出一些购买书籍的费用；接着是保险费用、理财存储的费用及生活费用。几十年下来，我的父母竟然把家里的小日子打理得井井有条：大学二年级时，学校发通知组织学生去美国游学，当我把这个消息小心翼翼地说给母亲听时，母亲二话没说，"咱们报名，费用多少？"这个敞亮的回答，让我至今记忆犹新！

当时，在看到其他同学传回来的沮丧消息时，我更加为父母对我的大爱而感动；现在回头想想父母对我的"不关心""不照顾""不重视"，我才深深地明白他们是用另类的关心和爱护哺育着我的成长。我的父母不是官二代，也不是富二代，但是他们在自己力所能及的范围内给予了我最好的关心、最棒的鼓励、最多的爱和最棒的生活。作为他们的孩子，我为自己有这样勤劳、善良、朴素、节俭、积极、阳光的父母感动并自豪着！

两口子过日子要说从来不吵架、不拌嘴，那绝对是楷模，但是寻常人家的爹妈很多都在平常的日子中或多或少会有些磕磕碰碰，我父母也不例外。

　　父亲是个沉稳的理工男，凡事讲究程序、规矩、要求；母亲今年53岁了，一直活在文艺女青年的五彩斑斓中：爱读书、爱幻想，情感丰富。文青女遇上理工男的日子，那可就热闹了。逢年过节，母亲最喜欢的是鲜花美酒巧克力，父亲这辈子最爱的是踏踏实实、稳稳当当的生活，在他看来，鲜花不如肉实惠，美酒不如还贷款厚重，巧克力不如把工资卡全给老婆豪放。一个喜欢务实，一个喜欢务虚，于是，两个人赌气、拌嘴、矛盾在所难免，赌气时也会给冷脸子，生气时也会互不搭理。时间久了，两个人的脾气秉性也都磨合得差不多了。

　　虽然在鸡毛蒜皮上的事情上两个人有分歧，但是在大是大非面前，父亲和母亲绝对是意见一致的。

　　二十多年来，我在父母身上学到的最重要的一点就是：持续学习，永远都不要停。父亲今年56岁，母亲53岁。工作之余，父亲除了看新闻、看书之外，还努力地钻研摄影、写作。母亲呢，基本上把图书当作最亲密的陪伴了，一年365天看书、码字不间断；即使在大家休息放松的春节期间，也绝对会忙里偷闲，码上一篇日志。再有两年，母亲就要退休了，但是她的那种学习的劲头，有时候连我都有些自愧不如。后来，母亲写了《今天克制自己，将来才能成就自己》等图书，还加入了北京市诗词协会，并且在她自己开设的微信公众号全年365天每天不间断地连续推送自己的原创文章，收获了很多热爱学习、勤俭持家、积极工作、热心公益的粉丝。

"学习是一辈子的大事""图书永远是你最好的朋友",每次回家,父母总是针对学习这件事情不断地影响着我。现在,我也参加工作了,除了努力工作、不断积极进取之外,也有了看书码字这项爱好。

有人说:"过好自己家的日子是本分,但是做慈善就不是咱老百姓能力范围之内的事情了。"对于这个观点,母亲却是极不认同。她说:"慈善不是有钱人的事情,平日里微不足道的小事情不仅能够彰显个人素质,更是我们每个人的举手之劳。比如,习惯性地对人微笑,主动购买街头摆摊老人的物品等,其实都是一种慈善和悲悯。"母亲是这样说的,平日里更是这样做的。

2015年6月15日,为了救助甘肃一个患有骨盆恶性肿瘤的14岁小姑娘刘雯,母亲在与救助协会确认了消息的真实性后,在网上发起了实名募捐:号召大家伸出援手,救助这个素不相识的小姑娘。在她众多的大学同学、同事、朋友、陌生人的一份份爱心中,母亲带着大家的嘱托,亲手把募集的钱送到了刘雯父母的手上。善念是最高贵的慈悲,母亲深信:只要人人都献出一点爱,那么被净化和拯救的不仅是一个普通的家庭,而是潜存在每个人心中的大爱无疆。

前些年,姥姥、姥爷年纪都大了,母亲就想着要给他们买一处低楼层的房子。当时家里经济紧张,连房子的首付款都没有。但是,父母还是七拼八凑地从亲朋那里借到首付款,咬牙为姥姥姥爷买了一处一楼的房子。偿还借款的那些日子,父母把生活标准降到了最低。无心插柳柳成荫,本是他们倾注心血、无怨无悔对待长辈的一份孝心,却不承想这个举动为他们带来了巨大的收益。当时几千元一平方米购买的房子,到现在已经涨到了5万元一平方米。善心救天下,悲悯成全自己,这个观点在父母这里得到了最好的诠释，当然这也是对他们孝顺长辈的意外回馈。

在母亲随身携带的东西中，有一个小小的名片，上面关于"财务自由五原则"的文字都是母亲自己写的："孝顺父母""友爱亲朋""帮助他人喜乐""持续做慈善""将学习进行到底"，这是父母一直践行的行为理念，也是他们始终实践的生活准则。在帮助他人上，父母总是不遗余力、能帮则帮；但是，对于自己，他们吃的是粗茶淡饭，喝的是白开水，穿的是棉布衣服，用的是过去的留存；舍不得外出旅游，不愿意在食物上浪费半分，有时甚至到了抠门的地步。这是我们这些大多数"90后"不会认同和身体力行的，但是父母已经习惯了他们的生活方式，也乐在其中。或许，这些已经成了他们骨子里坚定不移的一份信念了！

我的父母就是中国最普通家庭的一分子，他们用自己的心声和行动书写着自己的答卷，也在用这份答卷影响着我。我为自己是父母的孩子感到骄傲和自豪。

一斤灯油的爱情

婚龄：50多年

他说："你点上这一瓶灯油，要是用完了，我还没回来的话，你就改嫁吧！"

她说："我不管，我只知道我永远是你的媳妇，再苦再难我会把孩子和老人照顾好，你记好了，我等你回来！"

50多年的婚姻，因为战争只换得5年的相守。她守着这一斤灯油，用自己柔弱的身躯信守着自己的承诺，支撑起了一个家。或许，这就是爱的责任，爱的伟大！

每年春节回家，我都要去看望一下张奶奶，张奶奶是村里为数不多的老寿星之一，今年春节我去看望她的时候，她坐在床上，面带笑容，接受着村里人的祝福。

我问在屋里陪伴张奶奶的儿子，今年张奶奶高寿，他告诉我再有一年就100岁了。虽然已是99岁高龄，但张奶奶的身体依然很好，平日里生活能够自理，虽说视力不太好，看东西非常模糊，但是听力和记忆力都很不错。

我虽然很少回家，但她竟然还能听出我的声音，问我是几时回家的，是过了春节就回城里还是过些日子再回去。我不禁更加敬佩起张奶奶来。

大家敬重张奶奶不仅因为她年事高，还因为张奶奶实在是了不起。多年以来，张奶奶一直一个人过日子。但由于她勤快、好强，日子过得不比别人家差多少。她一人拉扯大两个儿子，并为他们娶上媳妇。如今张奶奶早已子孙满堂，再加上她为人好，成为村里颇受尊重的人也是顺理成章的事情。

张奶奶让村里人心生敬佩的地方有很多，但最让大家感慨的是张奶奶的爱情故事。

张奶奶年轻时非常漂亮，一米七的个头，但是张爷爷却长得非常一般，单单从身高上来说就配不上张奶奶，张爷爷的身高不足一米六。你可能会问，他们身高相差这么大，张奶奶怎么会接受张爷爷呢？因为那时结婚前男女不兴见面，是张奶奶的母亲去相亲的，当时张爷爷在织布，为了掩饰身高的不足，在整个相亲的过程中，张爷爷压根就没站起来。

据说，张奶奶的母亲在帮女儿去相亲之后，回来告诉女儿那个青年不但人长得好，会说话，会办事，还有手艺，织布的技术非常高。不用说，张奶奶对未来的郎君非常期待，但是在张奶奶与张爷爷结婚那天，她发现自己的丈夫竟然比自己矮了一头，这实在是让人难以接受。

据说，为这事，张奶奶哭过好多次。

但这并不影响张奶奶与张爷爷的爱情。婚后头几年，他们生活得很平淡，也很幸福。

张爷爷虽然人长得矮了一些，却有许多优点，张爷爷会体贴人，对张奶奶也非常关心。张爷爷会织布，能做生意，这样自然就比别人家多一些收入。也许是觉得自己确实配不上张奶奶，张爷爷对她格外好。很快，他们就有了两个儿子。

自从有了孩子，他们的生活也算是走上了正轨。像多数夫妻一样，他们过着虽说忙碌，但却相对幸福的生活。

在他们结婚的时候，抗日战争尚未结束，百姓正处于水深火热之中。

后来，有一支国民党的军队从这里路过，正好驻扎在我们村。在驻扎期间，他们强行在村里征兵，张爷爷当时也在征兵之列。那时，张爷爷与张奶奶结婚才两年多。

此后的两三年，虽说张爷爷偶尔会给家中来信、寄一点钱，但寄回家的钱根本就无法维持家里的日常开支。

张奶奶以前在家中根本就没干过重活，张爷爷离开家之后，张奶奶除了要照顾两个孩子，操持家中所有的事情，最重要的是要设法维持一家人的生活，但张奶奶还是硬挺了过来。

有一晚，张爷爷突然回家了，他手里拿着一个装满黄色液体的瓶子。

张奶奶问那是什么，张爷爷叹了口气说："这是洋油，用来点灯的。这些年真的让你受苦了，我对不起你！有你，我感到非常幸福，我本想尽自己最大的努力对你好，让你过上幸福的生活，可是这兵荒马乱的，我实在是无能为力。尤其是被征兵之后，我更觉得有心无力了，我都不知道自己能活到几时。本想着日本鬼子投降了，战争就结束了，想不到又开始了内战，仗打得很紧，每天都有很多人牺牲，我说不定什么时候就……还有一点就是，这次部队要到南方去，据说要打仗，正好路过咱们村，我只请了两个小时的假。我觉得能活着回来的希望不大，你点上这一瓶洋油，要是用完了，我还没回来的话，你就改嫁吧，别跟着我受这份罪了！"

"你说的这些我都不管，我只知道一点，那就是我永远是你的媳妇！我在家等你，再苦再难我也要把孩子和老人照顾好，你记好了，我在家等你！"张奶奶坚决地说。

"千万别等，我心里真的没底，我不想让你一直受这份罪！"张爷爷难过地说。

"改嫁就好了？！你看这个年代，谁家有好日子过，你一定要好好保护自己，这个艰难的时刻很快就会过去的。"张奶奶安慰丈夫说。

那天，在张奶奶的一再安慰下，张爷爷离家时的情绪似乎好了许多。

当张爷爷离开时，张奶奶抱着孩子，眼泪不住地流了下来。距离上一次张爷爷回家已经两年了，张奶奶盼了两年，却只盼来了张爷爷的两个小时。这两个小时里，老人孩子都在身边，他们甚至连个拥抱都没有。

此后，张爷爷便音信全无。转眼间，新中国成立了，在外当兵打仗的多数都回来了，没回来的也陆续有了消息，要么牺牲了，要么在外升官了，唯独张爷爷什么消息也没有。

村里人都在议论张爷爷的下落。有人说，估计是牺牲了，因为张爷爷参加的是国民党的部队，国民党失败了，牺牲了，也没人通知；有人说，估计是张爷爷变心了，也可能在外面成了新家，要不怎么在上次回家时就劝张奶奶改嫁；还有人说，国民党的有些部队去了台湾，也许张爷爷活得好好的，只是去了台湾，所以没法跟家里人联系。

张奶奶不管村里人怎样议论，依旧在家看着孩子，照顾老人，其中的辛苦可想而知。

有些人包括张奶奶的亲人都劝她改嫁，但是张奶奶一直不同意。张奶奶长得漂亮，自然有人会看上她，便让媒人前去说媒。一次，又有媒婆劝张奶奶改嫁，还说看上她的是村里一位长得不错的青年，张奶奶气愤地把媒婆好一顿骂："我丈夫还没死呢！我改什么嫁？要改嫁，你改嫁吧！"媒婆只得灰溜溜地离开了张奶奶家。看见张奶奶如此坚决，周围的人也都打消了劝她改嫁的念头。

新中国成立后，为了多挣点工分，张奶奶总是抢着干重活。后来，她又得照顾瘫痪的婆婆，但是再苦再累，张奶奶没有一句怨言。

最难的是"文化大革命"时期。因为丈夫的原因，张奶奶没少挨批斗，但她却从没说过丈夫一句坏话。村里的好心人都在暗暗感慨：命运对张奶奶太不公平了。

而这一切，张奶奶都挺过来了。不但挺过来了，而且还过得好好的。她靠着自己的那股韧劲，克服了种种困难，坚强而自信地生活着。不但她自己这样，她教育孩子也是这样。张奶奶的人生信条就是"好人总有好报，付出总有回报"。在张奶奶的教育下，她的孩子虽说没上过几天学，但都积极向上，不怕困难，从小就能帮母亲干活，等到了应该成家的时候，虽说家里很穷，但是因为确实非常优秀，都找到了不错的媳妇。她的两个孙子也很争气，都考上了大学，还找到了很好的工作。

转眼间，40年的时间过去了。1988年，张爷爷突然从台湾回来了。张爷爷离家时尚是年轻的小伙子，现在已是白发苍苍的老人了。

"爷爷回来了！爷爷回来了！"

张奶奶的孙女动情地呼喊着这个令人激动的消息时，落日的余晖正把整个山村渲染得壮丽辉煌。听到呼喊的人都停下了手头的活儿奔走相告：这一天，张奶奶终于等到了！

那个夜晚，村里人都沉浸在巨大的喜悦之中。大家把张爷爷团团围住，不停地问东问西。转眼已月上中天，这时，大家忽然发现张奶奶不知去了哪里，急忙四处寻找。

原来，张奶奶已经独自回到自己居住的宅院中睡觉去了。大家这才觉得光顾着自己说话，竟然把主角给忘记了，于是就把张爷爷领到了张奶奶的院子里。人们一边听着张爷爷的叫门声，一边偷笑着各自回家了。

第二天，村民们都起得格外的早，大家都想看看一夜之后这对久别重逢的老人会是什么样子。等大家来到张奶奶家时都惊呆了，只见张爷爷一动不动地倚在张奶奶的门前，顶着一头霜花，大家都以为张爷爷出了什么意外，于是轻轻地呼唤他，待到他睁开眼睛时，大家才长舒了一口气，原来张爷爷就这样睡了一晚。

村里人认为张奶奶只是暂时无法接受张爷爷，想不到张奶奶一直不肯接受他。大家都觉得张奶奶的行为实在怪异，辛苦了一辈子，等了一辈子，等丈夫真正回来了，却又不肯接受，人们问她是什么原因，想不到平日里挺和善的张奶奶竟然拒绝谈论任何与这个事情有关的问题，每当别人问起来，她不是转身就走，就是大声呵斥。

好在他们的孩子接受了张爷爷，他们用张爷爷带回来的钱在张奶奶的住处附近盖了几间不错的房子，并添置了不少家具。可是张奶奶依旧独自住在自己那破旧的小屋子里，与张爷爷形同陌路。虽然张爷爷也试图为张奶奶做些事，一次次地讨好张奶奶，可是张奶奶却始终不让张爷爷接近自己。

一年之后，张爷爷突然得了脑血栓，本来挺健壮的一个人，一下子病倒了。好在病得并不厉害，但是出院之后，依旧行动不便，无法自理。家里人都忙，实在照顾不了张爷爷，就在儿女们一筹莫展之时，张奶奶却来到了张爷爷的住处，主动承担起了照顾张爷爷的全部任务。张奶奶照顾张爷爷可细心了，村里人看到张奶奶照顾张爷爷的那股认真劲，都不禁感动落泪。人们都说，要不是张爷爷病倒了，真不知道张奶奶什么时候能够接受他。

在张奶奶的悉心照顾下，张爷爷的病情渐渐稳定了，虽说依旧无法独立行走，但是双手活动自如，也能够坐在轮椅上外出活动了。

那时的他们都已接近古稀之年，国家也越来越富裕了，人们的总体生活水平也渐渐提高了。村里人经常会看到张奶奶推着张爷爷在村里一边慢慢走着，一边说着话。

三年后，张爷爷离开了人世。给张爷爷办后事时，参加葬礼的人都哭得稀里哗啦，但张奶奶没有。她独自坐在屋子的一角，神情呆滞地抚摸着一个瓷瓶。瓷瓶用蜡封着口，晶莹剔透，里面还有半瓶浅黄色的液体。

"这是什么？"有年轻人悄悄地问道。知情人小声地回答："是张爷爷去台湾前给张奶奶装的那一斤灯油。"原来，张奶奶压根就没用那一斤灯油！

村里有人悄悄算过，到张爷爷去世，他们夫妻二人真正在一起生活的时间也就五年多一点，但是他们已经结婚五十多年了。五年与五十年这是多么大的反差呀！而家中的重担，几乎是由张奶奶一个人承担的。即便最后张爷爷回来的时候，那也仅仅是锦上添花罢了。

村里人在敬佩张奶奶的同时，也难免会讨论张奶奶的爱情观，甚至在想张奶奶对自己的选择是否后悔。有人问她，难道就没有生过跟张爷爷离婚的念头？！张奶奶笑着说："有，当然有。"那为什么没这样做呢？张奶奶笑着说："哪有时间呀！你想想，我这一辈子尤其是年轻的时候，每天忙忙碌碌的，有那么多事情要做呀！"

　　接着张奶奶就数算起自己的忙碌来，孩子小的时候需要照顾孩子，等孩子稍微大一点，老人的身体又不好了，又需要照顾，再后来又得忙着给孩子张罗对象，接着就是看孙子、孙女，等这一切都忙得差不多了，本想过几天安稳日子，那个死老头子又回来了，回来就回来吧，还病了，不又得照顾。张奶奶淡淡地笑着，轻轻地叹了一口气。

　　人生不易，两个人相爱更不易。尤其是当爱情步入婚姻，谁也回避不了的就是对家庭、对社会的责任与个人情感的关系。当两者发生矛盾的时候，到底应该怎样选择，真是一个难以回答的问题。对一个人来说，有时就是这两者孰轻孰重的问题。君不见有多少家庭，夫妻双方，爱情可能已经破裂，但为了让孩子有一个完整的家庭，让孩子在一个相对和谐的家庭中成长，硬是坚持不离婚；君不见有多少人，以爱情破裂寻找真爱的名义，一次次结婚、离婚，几乎不顾及老人的感受和孩子的成长。当然，多数人是想协调好这两个方面的关系的，但事实上，这两者确实是矛盾的。随着时代的发展，如何处理这对矛盾，已经成为很多人不得不思考和面对的问题。

　　现在，离婚率越来越高。而越是在大城市，年轻人的离婚率越高，这里面的社会原因有很多，但一定存在着年轻人对婚姻的态度方面的问题。从一定程度上讲，年轻人更注重婚姻中的个人感受，而看淡了在婚姻中应负的责任。如果人们越来越注重个人感受，而把责任看得越来越轻，离婚率肯定会继续上升，而带来的社会问题肯定也会越来越多。

结婚需慎重，既然走进了婚姻，就要对婚姻负责。这也许是张奶奶用自己的实际行动对婚姻的最好注解吧！

真心地祝福忙碌了一辈子的张奶奶晚年幸福，也祝福她健康长寿。

两碗牛肉面

◇厉周吉

结婚时间：50多年

这可以说是一对患难夫妻。

他，不辞辛劳地按摩，治好了妻子的月子病。

她，耐心地安慰，让丈夫走出了困境。

都爱吃牛肉面的他和她共度人生风雨，相守相依，无论困顿或疾病，都不能使其分离。

在他们的世界里，没有富贵后的变心，只有小心翼翼呵护对方的细心。因为他们深知，不忘初心，方得始终。

一天，我正在小区附近的兰州牛肉拉面馆吃拉面，两位老人慢慢地走了进来，老人看上去都已经八十多岁了，行动非常缓慢，在拉面馆就餐的人禁不住把注意力都聚集到了这两位老人身上，老爷爷的眼睛似乎不太好，老奶奶不停地通过语言和动作指挥着老爷子的行动，待到老人渐渐走近，我才看清楚，老太太的腿似乎不太好使，行动非常不便，几乎是老爷子架着她往前走的。

等他们坐下时，服务员过来给二老倒上了水。老太太先用手试了试碗的温度，从她的反应来看，似乎觉得水太热了。过了一会，老太太又试了一次，试过之后，老太太慢慢地喝了一口，然后才放到了老爷子面前，告诉他可以喝水了。

这时，老爷子端起水慢慢地喝了起来。

过了一会儿，老太太对服务员说："还是老样子，来两小碗牛肉面！"

不一会儿，服务员就把两碗牛肉面放在了他们面前，不过这两碗牛肉面显然是不一样的，老爷子面前的那碗面和大家吃的差不多，只是牛肉多放了一些，放在老太太面前的那碗面则没有一片牛肉。

明明是两碗一样的面，为什么却成了不一样的呢？我感到很奇怪，其他吃饭的人也觉得很奇怪。正好那天不太忙，我故意吃得很慢，好奇心驱使着我想等两位老人走后了解一下具体的原因。

在吃饭之前，老太太往碗里稍加了一点盐，再点上一点醋后尝一下，又点了一点醋，最后才让老爷子吃。

等老人吃完离开了，我笑着问服务员，明明老人要的是两碗牛肉面，但是仅仅一碗有牛肉呢？服务员说："这两位老人来这里吃面每次都是这样，很早以前两位老人的家庭条件不太好，但是非常喜欢吃拉面。现在老爷子的眼睛不太好，老太太想让老爷子多吃点牛肉，就让我们把她的那一份牛肉加到老爷子碗里，自己吃的则是清汤面，老太太又不想让老爷子知道，于是老太太每次来都说要两碗牛肉面。"

"真是心细呀！这两位老人应该非常恩爱吧？"我的好奇心上来了，不禁问道。

"是呀！自从我们在这里开店，这两口子就已经住在这附近了，他们的爱情堪称典范，如果你有时间，我可以给你讲几个有关他们的故事。"服务员看到我对这两位老人的情况感兴趣，而当时店里的人又不太多，他也不是很忙，就坐下来热情地和我聊了起来。

"当然感兴趣啦！"我急忙说。

接着，这位服务员就给我们讲起了这对老人的故事来。

陪伴和按摩治好了妻子的月子病

老爷子姓赵，人们都管他叫老赵，他的妻子姓马。关于这对老人，人们说得最多的一件事就是男人的陪伴和按摩治好了妻子的月子病。

那还是他们刚刚结婚的时候，当时他的妻子不小心流产了，由于流产后不太在意，有一次躺在地上乘凉时睡着了，醒来后，全身抽搐、恶心呕吐，整个人非常难受。送到医院，医生说是中了凉气，需要认真治疗。

一开始，家里人谁都没意识到事情的严重性，后来才知道这病治疗起来非常麻烦，从一开始的浑身难受到后来的全身水肿，在医院里治疗了三个多月也不见有明显的好转。等到病情稍微轻了一些，医生就让他们出院了。

出院后，老赵便四处打听别的治疗方法，他带着妻子去了大大小小的十几个医院，找遍了比较出名的医生，依旧没有治好妻子的病。

后来，他打听到这种病可以通过按摩的方式慢慢治愈，就带着妻子到一家十几里路外的诊所去按摩。那时由于交通不便，每次他都是用手推车推着妻子去。来回的时间加上等待和治疗的时间，一天就这么过去了。

由于去的次数多了，他也把医生的按摩手法学得差不多了，于是他开始试着在妻子身上做试验。

慢慢地，妻子觉得他的按摩技术越来越好，甚至比医生按得还好。再后来，他就每天自己在家给妻子按摩了。

转眼五年多的时间过去了，家中欠了多少外债，他从未和妻子提及，虽然生活的苦楚他一个人默默背负着，但只要一面对妻子，他总是一副信心满满的样子。

这些年，妻子一直躺在床上，他知道妻子非常寂寞，所以只要有时间，他就会陪在妻子身边，给妻子讲身边的事解闷。

在老赵的悉心照顾下，妻子最终能够站起来走路了。村里人都说他们创造了奇迹，这份奇迹是夫妻二人用爱心和耐心创造出来的。

这些年来，因为不停地看书学习，给妻子按摩。老赵的按摩水平已经很高了，以后的日子里老赵一直坚持给妻子按摩，附近邻居家的老人和孩子偶有得了可通过按摩便能治好的毛病，老赵总会热情地帮忙治疗，并且从来不收取任何费用，这个举动让老赵在当地的威信越来越高。

耐心的安慰，让丈夫走出困境

妻子的病终于好了，这是一件非常值得高兴的事，但是这些年因为住院和各种治疗欠下的费用，成了他们难以卸掉的沉重包袱。

如何摆脱经济上的困境成了他们必须面对的问题。

以前老赵在一家私企上班，妻子生病之后，他只好隔三岔五地请假照顾妻子。后来那家企业因为经济效益不好破产了，老赵也失业了。没了工作就意味着没了收入，整个家的负担就更重了。

等妻子身体好了之后，他们思考再三，决定先靠打工来赚些钱，因为打工的好处是不需要投入任何资金。当然，打工的不足之处也很明显，那就是靠着打工的微薄收入，要想还上家里的欠债难度非常大。

老赵先是到建筑工地当起了小工。这一干就是三年多，期间他一直在考察别的赚钱项目。

后来，他发现在冷藏库里干活收入高。冷藏的活之所以收入高，一个重要的原因就是在冷藏库里干活对人身体的损害特别大。但是为了多赚钱，他还是选择在冷藏库里干，这一干就是两年，而他的妻子在一家饭店里打工。经过两个人的共同努力，家里欠的债务越来越少。

后来，老赵了解了冷藏库的经营之道和利润空间，觉得要想多赚钱，还是得自己承包冷藏库来干。

当时，要想承包一个冷藏库至少需要10万元的承包费，同时还需要购进物品，投资至少也得十几万元。这对于当时的他们来说，是一笔非常大的支出。

搞不搞投资？老赵一直在考虑，他征求了妻子的意见，因为对这个行业早有耳闻，妻子不愿意丈夫这样干，毕竟风险太大了。但是，他们最后还是决定试一试。

这一年，他们投资了30万元，其中的20多万元是银行贷款，其他的是从亲戚、朋友那里借来的。那一年，他们的生意不错，一年就赚了20多万元。

20多万元，这是一个不小的数字，而当时他打工一年的收入不到3万元。

有了第一年的经验，老赵希望再承包一个冷库，同时适当扩大贷款数量，再加上第一次投资的盈余就可以把业务量扩大一倍，这样一年下来可能就会有40万元的收益。

妻子不同意老赵的这种做法，万一亏了，可就彻底完蛋了，毕竟他们是在贷款做生意，所以妻子希望用这20万元的盈利继续搞投资，这样虽然赚得少一点，但即便亏了也没关系。

可是，老赵实在是太想扩大规模了，在他的坚持下，最终妻子还是同意了他的做法。

这一年他们贷了40万元，总共承包了两个冷藏库。但不幸的是，那一年他最终亏了整整30万元。这意味着不但去年赚的钱全搭进去了，而且还欠下了10万元的债务。

当老赵算完账后，一个人呆呆地坐了好久。

"不要紧的！做生意就是这样，有赚也会有亏，总结经验才能做得更好！"妻子安慰他说。

下一步该怎么办？老赵实在不知道该如何是好。

继续贷款投资，还是干脆退出不干了？如果继续投资，妻子不同意怎么办？老赵有些犹豫，其实从内心深处他还是想继续投资的。

当他说出打算继续贷款投资的想法后，没想到妻子非常支持他。"上次的失败并不能说明你没有能力，有了这几年的经验，相信你这一次一定能行。"妻子给他加油打气。

那一刻，老赵紧紧地抱住了妻子，像个孩子一样哭了起来。即便是在妻子生病最严重的时候，老赵也没有这样哭过。

也许是上天眷顾这对夫妻，第三年他们贷款40万元继续搞投资，最终他们赚了30多万元。

有了这些年的经验，老赵继续做着冷藏库的生意，但是他的经验比原来多了，投资也慎重多了。

一碗牛肉面的秘密

随着生意越做越大，收益也越来越高，由一开始主要做冷藏库到后来投资建属于自己的冷藏库，老赵已经成为当地小有名气的老板。

但是不管做多大的生意，他一直为人低调，与妻子的感情也非常好，从来没有像别的老板一样闹出一些负面传闻。

老赵很少在外面吃饭，但却时常会在这家面馆吃面，因为他喜欢吃拉面，特别是牛肉拉面。

这一天，老赵正在吃面，他的电话响了起来，"今天还回家吃饭吗？"电话那头传来了妻子的声音。

"不回家了，今天有一个重要的客户需要应酬，你自己吃就好了，我忙完就回家。"老赵回答道。

"这是怎么了？明明是一个人在这里吃面，怎么成了在应酬客户呢？"

原来那天老赵工作不顺，和一个客户因为一件小事吵了起来，办完事后，心情非常不好。如果当时马上回家的话，他势必会把坏情绪带到家里。来这里吃碗面，主要是为了调整自己的心情，等调整好之后，他再回去。

原来如此！这么说，他经常独自来吃拉面除了喜欢吃拉面，还有另外一个目的——调整自己的心情！把心情调整好了再回家，以良好的精神状态面对妻子，这是多么体贴、细心的丈夫呀！

反观现如今有很多人在外面遇上不顺心的事情，回家后只会把气撒在妻子和家人身上。

从这两种截然不同的做法中，我们能够体会到巨大的差别。试想如果每个人都这样做，都这样细心地呵护着自己的爱情和家庭，那岂能

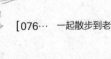

不幸福？！

相互陪伴，共同度过晚年

现在，老赵和妻子的年纪都大了。他耳朵不好，她就当起了他的"翻译官"，别人说的话，她有时通过动作，有时通过大声说，更多的时候是通过只有他们自己才知道的方式来传递信息。她的腿脚不太好，他总是力所能及地搀扶着、支撑着她，有了他的搀扶和支撑，她的行动方便了许多。

其实，夫妻间最容易存在的问题是互相争吵和埋怨，在争吵和埋怨中关系变得越来越差，究其原因是不能替对方着想，只会站在自己的角度去考虑和解决问题。对这对老夫妻来说，他们不但能够相互理解对方，而且能够为对方做事，尽自己最大的努力来帮助对方，这样的关系自然是和谐的，两个人的生活自然是幸福的。

总体来看，这对老夫妻与别人最大的不同就是注重生活的细节，从细节之中给对方以关爱，从而营造出幸福和谐的婚姻。其实，琐碎的生活能够给双方以真正的温暖，也容易积聚生活的负能量。对我们每个人来说，婚姻中需要学习的就是在日常生活中慢慢积累正能量，这样才会过得越来越幸福。爱情如此，婚姻如此，同事与朋友的关系也是如此。

别样的父母爱情

◇李翠娟

> **结婚时间：1965年**
>
> 父亲：聪明有才却傲骄、蛮横不讲理的"赤脚医生"
>
> 母亲：善良大度、任劳任怨的贤妻良母
>
> 因为教书先生的一句"我给你闺女说个媒吧，保证让你闺女将来有享不尽的福"，姥爷就将母亲交给了当时穷得叮当响的父亲，因为姥爷深信了父亲是个有才之人。
>
> 我一直觉得父亲的傲骄让母亲深受委屈，殊不知，在经年累月的相处中，只有母亲才懂得他那暴躁后面的细腻而真诚的心，温暖而朴实。

父母之间会有爱情吗？从我记事起，在我心中一直都打着这样一个问号。

听母亲说，她和父亲的婚事是我们那个地方一位德高望重的教书先生给保的媒。

教书先生和我姥爷是好友，他去找姥爷喝酒的时候，看见母亲出落得标致可人，就对姥爷说："我给你闺女说个媒吧，保证你闺女将来有享不尽的福。"

姥爷很信任这位先生，连男方的家庭情况都没问就定了这门婚事。

母亲说，父亲和她第一次见面的时候，他身上的补丁盖补丁，身体瘦小，看着好像整天吃不饱的样子，一看就知道他的家庭并不富裕。

可先生却说，这个青年将来会有很大的作为，因为他很聪明。姥爷听先生的，母亲又听姥爷的，就这样，在媒人的催促下，父亲和母亲仓促地结了婚。

结婚后，母亲才知道相亲那天父亲穿的那身补丁衣服还是借的，由此可见，奶奶家当时有多穷。

他们结婚后的第三天，奶奶端着准备好的一碗花生油，还有半袋地瓜干递给母亲说："以后你们就自己另起锅灶做饭吃吧，不要再来老房子吃饭了……"奶奶说完这些，又指了指那半袋子地瓜干说，"这是一年的口粮，省着点吃……"

母亲看着手里的这点东西感到有些茫然，但还是小心翼翼地点了点头，端着那碗花生油回了家，母亲知道，这就算分家了，以后的日子需要自己过。

每次母亲讲到这里，我心里总是诧异：这么点东西怎么够两个大人吃一年啊？

母亲从没有吃过这样的苦，她说，成亲后的很长一段时间里，她都会在半夜饿醒。

有时候，饿极了，母亲就跑到姥姥家要吃的。姥姥姥爷看到母亲饿成这个样子，心里自然是很心疼的。可是，心疼归心疼，看着母亲吃饱了，姥爷就会说，吃饱了，赶紧回家干活，谁家过日子都是这样，都不容易，要想过好，就得勤快不偷懒，人只要不懒，没有过不好的日子……母亲走的时候，如果姥爷不在家，姥姥还会悄悄地包上一点粮食或者做好的饭食给母亲带着。但是，那时候的人家里都穷，能给母亲带的东西也不多，虽然不多，却帮了母亲的大忙。

就这样，母亲靠着去姥姥家蹭吃蹭喝，熬过了分家后的第一个冬天，等到来年地里庄稼收了以后，日子才渐渐地好了起来。

父亲如媒人所说，是很聪明。他先是因为上过学，有文化，被指派到村里的小学当老师，后来又因为村里缺医生，被大队派到县里参加"赤脚医生"培训，回来当了一名"赤脚医生"。那时候，总体生活水平有所提高，再加上无论是当老师，还是当医生，收入都比一般农民稍微多一点，生活水平就渐渐提高了。

因为诊所里面忙，家里地里的活，父亲很少插手，不管大事小事，全靠母亲一个人干，而他也从来没有给过母亲什么好脸色，因为他觉得母亲干这些活是很自然的事。"谁家女人不干活？不干活娶回家干什么？"这是父亲经常挂在嘴边的一句话。

有时候，母亲干活累了，父亲并不会因此给母亲做顿饭或者烧壶开水。相反，都是母亲下地回来，做了饭给父亲送去。父亲忙，忙得都顾不上和母亲说几句话，可是母亲从来没有半点埋怨。

一直以来，看到他们这个样子，我都觉得父亲和母亲之间是不会有爱情的，特别是在听了母亲讲述这些陈年旧事的时候，更加坚定了我的猜测。

父亲那时候因为技术好，常常有四邻八乡的乡亲们来求医，所以有时候他一个人根本忙不过来。这时，恰巧村里来了一个下乡青年，是个年轻的小姑娘，人聪明，长得也漂亮，特别是那双机灵的大眼睛，总感觉会说话一样。支部书记把这个小姑娘领到诊所去的时候，对父亲说："以后小张就交给你了，让她给你打下手，人家可是城里来的姑娘，你可不要对她太凶。"

就这样，小张姑娘给父亲当起了帮手。

小张姑娘在父亲的指导下，很快成了父亲的得力干将。

随着时间的推移，有一些关于父亲和小张姑娘的风言风语在村子里传得沸沸扬扬。有好事者甚至找到母亲说："得看好你丈夫啊，要不被人家挖了墙角都不知道。"

对于这些话，母亲听了从来都是笑笑了事。

可是，时间久了，爷爷奶奶却坐不住了，轮流去给父亲上课，说一些母亲贤惠和不容易的话，言外之意是让父亲迷途知返。

父亲是真的很忙，忙到他根本不知道这些谣言的存在，当他弄明白爷爷奶奶的来意，又抬头看一眼隔壁房间正在忙着配药的小张姑娘，心中陡然升起了一股怨气。

特别是小张姑娘在承受了村里人给她的太多压力之后，竟然在一个下着雨的早晨偷偷跑去乡里，要求换了下乡的地方，这让失去得力助手的父亲彻底恼怒了。

他以为这一切都是母亲挑唆的。

他跑回家里，对着母亲大吼大叫，说母亲不信任他、不理解他，让他很失望。母亲想要辩解几句，父亲竟然一甩袖子走了。

这以后的很长一段时间，因为这件事，父亲对待母亲的态度都很恶劣，也许他是真的感到很失望了吧，他觉得连母亲都不信任他，让他感到很挫败。

在没有外人的时候，父亲对待母亲更是肆无忌惮，和母亲说句话都像是呵斥佣人一般，很少像别人家的父母那样能好好地说一句话。如果母亲饭菜做得不可口，父亲更会恼怒地直接把碗摔碎在母亲面前。

很多次，在看到父亲对母亲这样大声呵斥的时候，我都会替母亲感到不公平。可是，母亲却说，父亲的工作太劳累，压力也大，我们要学着体谅他才对。

其实，我对父亲还是有怨恨的。我不明白他为什么要这样对待母亲。

因为父亲这样子，我从小就对他敬而远之。有时看见他大声呵斥母亲，我会忍不住替母亲反驳他几句，心里却积聚下了对父亲越来越深的反感和排斥。

我从没见过母亲发火。父亲对她这样，她总是该干什么干什么。等父亲发完火，她照样笑着把饭菜端上去，伺候父亲吃饭。

对母亲的这种态度，我更是无法理解。我不明白，她为什么要逆来顺受。

好多次，在父亲大声对母亲吼叫的时候，我都会挺身站在母亲身前大声和父亲讲理，可是还没等我说几句，就被母亲笑着拉到一边去了。

母亲说："大人的事，小孩子不要管。我和你父亲之间，你不懂，有些事不是你看到的那个样子。"

"有什么不懂的？"我说，"父亲对你一点也不好，你为什么还要对他这么好？"母亲也许是被我认真的态度弄得有点哭笑不得，悄悄地把我拉到一边和我说了很多道理。

她说："你姥爷天天教导我，两个人在一起过日子就得互相体谅，互相迁让，如果两个人谁也不让谁，都想争个高低，那日子就没法过了，这个家就得散伙……况且，你父亲对我也很好，他只是不会表达而已，而你又太小，等你长大就知道了。"

难道真的是我不懂吗？我对母亲的话半信半疑。

日子就这样不疾不徐地过着。一晃，我都上中学了。父亲并没有因为我们的长大而改变自己的脾气，可是却也从来没有见过母亲因为父亲对她的态度而和他吵过架。

记得那个夏天，雨水出奇的多。

大雨一场接一场地下着，地里的庄稼都被淹了。

这天，雨下得正大，我和弟弟趴在窗户前看着外面如注的雨有些不知所措。突然，父亲像疯了一般地从外面跑进来，大声叫着我的名字问："你妈呢？"我说："刚才雨小的时候出去了……"

父亲头也不回地冲到雨里去了。

父亲一边骂着一边把母亲背了回来。原来，母亲怕地里刚种上不久的大豆被雨水浸坏了，就披着蓑衣，冒着雨从田里往外放水。父亲找到母亲时，有风湿病的母亲正弯着腰在地里忙着呢！

父亲冲上前去，夺过母亲手里的工具扔到一边，蹲下身子把母亲背了起来。为这事儿，父亲骂了母亲好几天，骂她丢了那天在雨中被他扔了的那把工具。

母亲只是笑着，并不反驳。有好几次都是父亲端过母亲递来的饭菜时，他才停下了责骂。

每每这时，我都很心疼母亲。好多次，我对母亲说："你赶紧回姥姥家吧，不要再在家里挨骂了。要不你就骂回去……"

这时，母亲总会说："真是个傻孩子，我以前不是和你说过吗？谁家过日子都是这样，将就将就就过去了，有一个吵的就行了，哪能两个人都吵？况且就算是吵，吵赢了又能怎么样？"

我对母亲的话虽然不能理解，但是看见母亲的这个态度，慢慢也就习惯了父亲的蛮横不讲理。

岁月如梭，时光飞逝。

随着我和弟弟相继长大，我突然发现父亲对母亲的态度并不是表面上那个样子，虽然还是时时有责骂，但是他对母亲还是异常关心的。

记得有个冬天，母亲去姥姥家，天黑了还没有回来，吃完晚饭的父亲背着手在院子里走了几圈后，终于对我大声说道："我去把你那个傻瓜妈接回来，你姥姥家没有土炕，晚上她的风湿病受不了……"

还没等我和弟弟反应过来，父亲已经骑着车子消失在茫茫的夜色中了……

母亲被接了回来，自然又是被父亲骂了一路的。可是母亲并没流露出半点不高兴的样子，从车子上跳下来就赶紧收拾家务去了，父亲看母亲不在意的态度，好像也有点不好意思，自己找了个台阶说了几句就睡觉去了。

没过多久，我和弟弟都考上了外地的大学。

在外地求学的日子里，我总怕母亲在家里遭受父亲的言语虐待。因为这个时候，村里开始实行合作医疗，以前是一个村子一个诊所，现在几个村子合在一起，村里的大夫轮流上班，相对而言，父亲待在家里的时间比以前多了不少，这也就意味着他面对母亲的时间要比以前多很多。所以，我不敢想象他俩整天待在一起会是一个什么样的结果。

放假回家的时候，大门虚掩着，院子里静悄悄的，只有那棵石榴树花

开得正旺。

我正纳闷，突然从堂屋里又传出了父亲的责骂声："你个死老太婆，不中用的，孩子们都快回来了，你赶紧帮我找件干净衣服啊……"

母亲说："哦，你先等会儿，我正在找……"话语里依旧没有半点恼怒。

私下里，我曾多次问母亲："你过得幸福吗？"

母亲总会诧异地看着我说："这孩子，怎么说话的？有你和弟弟，有你父亲，一家人平平安安快快乐乐地在一起生活，怎么会不幸福？"

那天，父亲破例给母亲帮厨，看父亲笨手笨脚的。母亲说："你还是去等着吧！我一会儿就做好了……父亲不满地看了她一眼，回过头看我站在后面，笑了笑，不好意思地出去了。

记忆中，这是父亲第一次进厨房的门。可母亲却说："其实，你父亲虽然凶点，对我却是很好的……"

"很好吗？"我抬起头，看见母亲在锅灶前忙着择菜、炒菜，后背的衣服被汗水浸湿了一大片。而院子里的父亲正在听着京剧，不时用手里的树枝去逗弄一只在他脚前睡着的猫。母亲做着饭，趁擦汗水的工夫，抬头看一下院子里的父亲，那表情和眼神里竟然是满满的惬意和幸福。

那一刻，我有些呆了。

隔壁的二娘过来串门，看见父亲坐在院子里那高兴的样子，说："是闺女回来了吧？"父亲连忙答应着。二娘进屋，笑着接过我端来的茶水，坐在灶前看我们做饭。

二娘说话声音大，她张家长李家短地说了半天，话锋突然一转，回头说："闺女，你妈上次差点摔坏，幸亏你父亲跑得快，上前把你妈接住了，要不然你这次回来，你妈就没法给你做饭了……"

我很诧异，急忙抬起头看母亲，却看到院子里的父亲已经站起身，正着急地朝二娘摆手，示意二娘不要再说下去了。

我走到二娘跟前，急忙问道："二娘，到底怎么回事儿？我怎么听得有些糊涂呢？"

二娘想把话收回去已经来不及了，索性和我说了。

原来，那日母亲站在院子里的高凳子上，拿着竹竿打槐米，一个偏身，身体失去了平衡，就在她要从凳子上摔下去的一刹那，坐在不远处听戏的父亲竟然用百米冲刺的速度冲过去接住了母亲，但就这一接，母亲全部的重量都落在了父亲一个人身上……

后来，母亲因为有父亲垫在下面，没受一点儿伤，倒是父亲的一只胳膊骨折了……

我终于明白这次回来，为什么看见父亲坐在院子里这么悠闲了，原来他是在家养伤呢……

我轻轻地把父亲的袖子往上撸了一下，虽然四个多月过去了，早已经拆了石膏，可还是留下了一大片受伤后特有的色素沉着的痕迹，我忍住泪问父亲，还疼吗？父亲也许是不太习惯我的态度突然变得这么温和，急忙惶惶地摇摇头，就借故走开了……

母亲说："你父亲不让我和你们说，是怕你们担心，他说这都是小事……"

我忍住就要落下的眼泪，接过母亲手里的勺子说："你去和父亲歇着吧，我给你们炒几个菜……"

转眼，我就要返校了。父亲说："别忘了给你母亲买点治疗风湿的好药寄回来,家里的药,你母亲吃了都不管用。"

　　我到学校的那个早上,父亲给我打了三个电话,都是嘱咐我给母亲买药的事情。那一刻,我有种想哭的冲动。

　　父亲是爱母亲的,他们之间是有爱情的。

　　母亲对父亲的爱,表现在她的包容和隐忍上。这种包容与隐忍根本上来自于她懂得父亲那颗包藏在暴躁后面的细腻而真诚的心。父亲对母亲的爱,表现在对这个家的坚守,对母亲的坚守。随着年龄的渐渐增大,我明白了爱不一定是甜言蜜语,而是一种发自内心深处的对对方的关心和爱护。

　　不善表达的父亲表现爱情的方式虽然特别,却朴实而温暖。

小脚奶奶和大脚爷爷

◇鲍丰彩

结婚时间：1965年

大脚爷爷：从未被称呼过名字的男人，又叫"他爹""孩子爷爷"……

小脚奶奶：从未被称呼过名字的女人，又叫"他娘""孩子奶奶"……

除此之外，他们没有其他称呼。他们的婚姻和爱情，就是做好孩子的爹和娘。"小脚"和"大脚"，虽然看起来大相径庭，却在磨合中相濡以沫，在摩擦中风雨同舟，共同撑起了一个子孙满堂的家，成了令后代引以为傲的爱情楷模。

奶奶的小脚是我生平见过的第一双小脚，很可能也会是我这一生中见过的最后一双小脚。

奶奶脚小，走起路来似弱柳扶风，但却极快，步子与步子之间连贯又轻巧，我总是担心这么小的一双脚怎么撑得住这么快的步子和近百斤的身躯，可是奶奶的小脚不仅可以撑得住步子和身体，还稳稳当当地和爷爷撑起了一个家。

爷爷是村里出了名的脚大，走起路来双脚生风，干起农活来挥汗如雨，说话办事也是雷厉风行。

此时，我的大脚爷爷离开奶奶六年了，我的小脚奶奶也已经是93岁高龄了。独居的这些年里，奶奶的小脚仍旧像从前那样奔忙着，身体也很是硬朗：一个人独自照料着满院子的鸡鸭鹅狗，一个人能拎50斤的水，一个人蹬着三轮车，家里地里地忙活着。

一

盛夏，当泥瓦匠把最后一块暗红波纹的瓷砖贴到墙上，院子里鞭炮齐鸣。奶奶站在院子里，看着眼前崭新的房子，泪眼婆娑："你爷爷肯定想不到，我这辈子还能住这样的新房子，他怎么没这个福气呢，这偏老头子。"

前夜刚下的暴雨把小巷浇得泥泞不堪，院子前面一排香椿树郁郁葱葱，知了的身形隐没在树荫里，歌声此起彼伏。

如果不是这个夏天的雨太大，如果不是叔叔伯伯们太孝顺，奶奶现在仍住在她那个晴雨昏黑的土坯房里。下雨的时候，在地上多放几个锅碗瓢盆，还会被雨水打得叮当作响。

那个比爷爷奶奶的相守时间更长的、承载了爷爷奶奶63年生活记忆的土坯房，倒在了今年夏天的雨里。

可是院前那棵香椿树还在，郁郁葱葱，而且它旁边的土里又栽上了一排小树苗。

小时候，每个大年初一早上，沂蒙山区有一项特别的风俗叫作起五更。孩子们成群结队起床，在清晨的微光中挨家挨户拜年。我们总会先去奶奶家，跨过门前的拦门棍，不着急去堂屋，而是争先恐后地跑到一排香椿树下，都想抢到最高的一棵。围着树站定，大伯家姐姐一声令下，我们扶着树开始转圈，嘴里念着奶奶教给我们的歌谣：椿树椿树你姓王，你长高来我长长。你长高来做房梁，我长高来穿衣裳。

奶奶说，只要大年初一这个时候围着香椿树转一圈，树王一定会保佑我们长高个子的。如果今年不灵，明年这时候再多转两圈，保准长个儿。

就这样，一年一年转啊转，长啊长。我们长，香椿树也长。

新中国成立那年，奶奶"出门子"了。所谓的出门子，是沂蒙山区对女子出嫁特有的称呼。那天她坐着一顶大红花轿，颠簸了30里山路，到一个从未去过的村子，嫁给了一个从未见过的人。

关于这个人，她只听媒人说，人长得周正大方，能吃苦、能出力，政治觉悟高。

媒人还说，那个村子全是平整整的洼地，庄稼年年大丰收。在那个贫穷的年代里，一片平整的地对于在山沟里忍饥挨饿的奶奶来说，是最好的聘礼。就为了这句话，奶奶答应了这门亲事。

结婚那天，奶奶穿了一身腈纶花袄，爷爷则穿了一件藏蓝色的中山装。奶奶从爷爷的那双大脚往上一直看到爷爷的脸，心想，媒人果然没有"扒瞎"，爷爷的脸在中山装的衬托下，的确算得上是相貌堂堂。

后来，奶奶才知道，那中山装是爷爷跟他当生产队队长的叔公借来的。

奶奶拿出她保存了65年的结婚证，一张奖状一样围着花边的纸上写着爷爷和奶奶的名字，"二人自愿结婚，经审查符合中华人民共和国婚姻法相关规定，颁发此证"。落款为人民公社革命委员会。

结婚第三天回门，奶奶从娘家带来这棵香椿树，栽到了院中。

二

村里的女人是没有名字的，刚嫁过来的时候，跟着丈夫的姓被叫作"老张家的"或者"老王家的"；等生了孩子，自己的称呼又跟着孩子叫，倘若孩子叫"狗蛋""猫蛋"，她就被叫作"狗蛋娘""猫蛋娘"；等孩子都结婚了，有了自己的孩子了，女人的称呼又跟着孙子叫"孩子奶奶"。

我的奶奶就是这样的女人。我从没听过有谁称呼过奶奶的名字，她的角色，是爷爷的妻，父亲的娘，是我们的奶奶，唯独不是她自己。而正是这些不是她自己的角色，成就了她自己，也诠释了世间婚姻的一种。

爷爷喊奶奶"他娘"，奶奶叫爷爷"他爹"，除此之外，没有其他称呼。他们的婚姻和爱情，就是做好孩子的爹和娘。

几十年的婚姻生活，爷爷和奶奶早已经习惯了彼此的生活步调。比如奶奶喜欢早起，爷爷后来也就跟着奶奶一并早起；爷爷爱喝地瓜粥，奶奶每年秋收时总会留下一袋地瓜干，预备做一年的地瓜粥；奶奶总说喝不惯家里的水，后来的十几年里爷爷会推着独轮车去几里外的山泉装水喝；爷爷吃大蒜一定要剥出来捣碎后隔夜吃，奶奶就随着爷爷吃隔夜大蒜……

爷爷和奶奶一辈子都在拌嘴，奶奶爱唠叨，爷爷也倔，两个人为芝麻绿豆的小事吵得面红耳赤的时候，爷爷就摔门而去，到我们家里，不说话，就干坐着。

每次吵架，有几天的时间不说话。最后总是爷爷先跟奶奶开口，爷爷放羊回来，带了一口袋的野葡萄，他从口袋里掏出来，装在一个塑料袋里给奶奶："他娘，一会儿给孩子们送去。"

不吵架的时候，总是爷爷自己来送，或者是一把红红的酸枣，或者是用狗尾巴草串起来的长长的一串蚂蚱。

有时候爷爷在我们家坐着抽闷烟，我问他："为什么老跟奶奶吵架？"爷爷猛地抽一口烟，吐出一个个烟圈："就像我累了要抽烟解乏，你奶奶累了就要吵嘴解乏，要不然一肚子牢骚话跟谁说？"

奶奶牢骚话多，可是干起活来却是一个顶俩。

奶奶天生一双巧手，人民公社时期，因为奶奶摊的煎饼又薄又香，被公社选到食堂里，专门给社员摊煎饼。奶奶的女红做得好，绣花枕头、绣花鞋、带着细穗子的金鱼和小葫芦，奶奶的手能把所有她见到的东西做成手工艺品。这些年，每逢奶奶的孙子孙女结婚，她总会送上一对大绣球，红黄蓝绿的球面，还有金光闪闪的丝线，都是奶奶一针一线的爱。

三

20世纪60年代末，爷爷已经是村生产队的队长。他带领的生产队，除了干农活抢时间、卖力气，还经常帮助村里修路挖渠、堆肥清道。因为政治觉悟高，爷爷先是光荣地加入了中国共产党，过了两年又被选为村支书。

1981年春耕时节，从南方来了一位化肥经销商。他把一摞荣誉证书和丰产照片拍到村委大院的会议室里，扬言化肥壮苗肥地增产，而且可以先付一半定金，丰产后再付另一半。当时村里刚刚实行了家庭联产承包责任制，家家户户都是用最原始的粪肥，而粪肥数量有限效果又不可预期，想用化肥可都是有闲、有干劲就是没有余钱，倘若能够以村集体的形式帮助村民解决肥料这一难题，秋来村里的粮食肯定能增产不少。爷爷召集了村委成员商议后，大家一致通过，并且让经销商写下保证书，如果不能丰产，另一半化肥钱不再支付。

两辆拖拉机在大队院里卸下了200袋化肥，以村集体的名义支付了一千多元定金，大家兴高采烈地准备迎接秋天的一场大丰收。

可这化肥一撒到地里，问题就来了，遇到水它就开始溶解、滋滋地冒热气。这哪里是化肥，明明是石灰粒子。

村里召开紧急会议，每人按照家庭经济条件承担了一部分损失，爷爷主动提出自己承担大头——400元。

那一年，他的5个子女，最大的大伯23岁，正是准备娶媳妇的年纪；最小的小叔也已经12岁了，在村里念小学四年级。

爷爷说，他以为奶奶会跟他闹，可没想到平时总是牢骚满腹又爱唠叨的奶奶，这次竟然深明大义，她把大伯新买的自行车卖掉后，又典当了自己结婚时候带过来的一对银镯子……

奶奶说："能怎么办呢，那钱是你爷爷带头欠下的，打掉了牙不是也得往肚子里咽吗？"

四

20世纪90年代，小叔考上了大学，成了村里第一个大学生。这时，小叔上面的四个哥哥姐姐也早已成家立业。

家里一下子冷清了不少。

爷爷对这样的冷清极不适应，整天背着烟袋锅子抽得"吧嗒吧嗒"直响。他开始频繁地往我们家还有大伯家跑。

有时候，我们正围着桌子吃饭。我们喊："爷爷过来一起吃吧。"爷爷咬着烟袋回答道："吃过了，你奶奶烧的玉米糊糊。"给他板凳他也不坐，靠墙倚在门口，看着我们吃。

有时候我跟弟弟在院子里玩，他会凑过来，从口袋里抓出一把酸枣："可甜了，快吃。"我们每人抓一把，围着爷爷跑一会儿，继续我们的游戏。

奶奶却没有这么清闲，在忙碌了大半生的奶奶看来，虽然孩子们都已经分出去单过了，家里也不需要再做那么多饭、洗那么多衣物，可是她仍旧忙碌着：照顾满院子的鸡鸭鹅狗，缝补浆洗，春种秋收。

奶奶也有和爷爷一样的爱好：往我们家里跑，看我们吃饭，看我们嬉闹做游戏。

爷爷爱抽旱烟，一个长长的烟袋锅子，上面挂一个黑黝黝的塞满烟沫的布袋，抽烟时把烟袋锅子伸进布袋里转一圈，再拿出来的时候，烟袋锅子里满满的烟沫。爷爷用手把烟沫摁实了，点上火，"吧嗒吧嗒"抽起来，伴着几声剧烈的咳嗽。每次赶集，奶奶都会给爷爷称好上等的烟沫。奶奶说："庄稼人出大力，抽烟能解乏。"

可是喝酒也能解乏，奶奶却不给爷爷装酒，奶奶说酒会误事，不让爷爷喝。爷爷喝的酒都是自己买的散装酒，两块钱就能装满一个大大的酒壶。爷爷爱喝酒，一日三餐都少不了。菜肴很简单，一盘咸菜加一碟花生米，爷爷就能喝得津津有味。等喝得醉醺醺了，他就红着脸东倒西歪地牵上羊群，到农田里找块水草肥美的地方，羊儿吃草，爷爷睡觉。

好几次，爷爷是被农田主人的叫骂声吵醒的："这不是老支部书记吗，怎么也不管管你的羊，刚出苗的黄豆，全被啃光了！你这是放羊呢，还是睡觉哩？！"

一声老支部书记让爷爷羞愧难当，好歹也曾带着村民发家致富过，现在让自家的羊糟蹋了人家的庄稼地，的确不长脸。

爷爷闯了祸，奶奶总会去替他道歉："这个老不死的，我都说过他多少遍了，就是不听，偏着呢！俺那地里也种了黄豆，放心，不会耽误你们吃豆子的。"

秋收的时候，奶奶准会留出一簸箕黄豆，踩着小脚，给那户人家端去。

为爷爷喝酒的事，奶奶没少跟他吵架。最严重的一次，打谷机都开到地头上了，也没见着爷爷的身影，奶奶一个人忙完了，回到家里摔碎了爷爷的小酒壶。

爷爷醉醺醺的猩红着脸，知道自己理亏，也不跟奶奶生气，晃悠悠地去了大伯家。

爷爷在大伯家只坐着"吧嗒吧嗒"地抽旱烟，天快黑的时候，爷爷才回家去了。

五

爷爷84岁那年，经常会晕倒，身子骨也没有以前硬朗了。当伯伯要带他去检查时，他又说自己没病，人老了都这样，阎王爷现在还不想要他呢。

奶奶不再让他去放羊了，只让他守在家里哪儿都不能去："万一栽倒在哪个沟里，让我怎么找？在家我才放心。"

叔叔伯伯们商量着把爷爷的羊群卖掉，爷爷说什么都不肯。爷爷的后半生，都耗在这些羊身上了，是这些羊陪着爷爷度过了田间地头的一个又一个正午和黄昏，他怎么舍得卖？

奶奶一边骂着爷爷"你这头犟驴，犟了一辈子"，一边摁住伯伯牵着羊角的手："听你爸的吧，留着给他熬日子。"

秋天，香椿树在爷爷家洒下了一片阴凉。镇上组织老党员去北京三日游，爷爷心动了。

当晚，奶奶把叔叔伯伯们召集到家里，议题很明确，以爷爷现在的身体状况能不能去北京。大家的态度也很一致，路途遥远，爷爷身体欠佳，不能去。奶奶不置可否，爷爷的态度却很坚决：我这辈子从没去过天安门，现在有这样的机会了，怎能不去？

临走前，大伯再三嘱咐奶奶，不能让他去。

第二天，奶奶还是把爷爷送上了旅游大巴。

车轮滚滚向前，带着爷爷的北京梦，也带着奶奶放不下的牵挂。

三天后，爷爷从北京回来了，从此躺在床上，直到去世。

虽然身体不能动了，可那几天爷爷的精神状态却异常好。只要有人去看他，他就滔滔不绝地讲他的北京之行，准确地说，是天安门之行：毛主席的水晶棺就在天安门的毛主席纪念堂，毛主席躺在里面，跟照片里见过的一个样儿，你说人怎么这么厉害；天安门城楼正中央是毛主席像，跟电视里演的一个样儿；还有很多外国人在参观，那些黑人浑身黑黢黢的，从没见过这么黑的人……

爷爷反反复复地向来人回忆着这一段，也只回忆着这一段，仿佛他这85载光阴里的故事都不及这次天安门之行来得光辉与荣耀。

每次这个时候，奶奶总是不说话，她就坐在屋子暗处的角落，陪着来客一起听爷爷讲，爷爷讲了多少遍，奶奶就听了多少遍。

只是，没人看到暗处里的奶奶是用怎样的表情听完这一遍又一遍的。

爷爷去世时，大伯说，如果不让爷爷去北京，也许爷爷还能多活几年。大伯话音刚落，三叔就接茬道："这话以后不许再提，要是让咱娘听到了，她得多难受？"

爷爷撇下87岁的奶奶走了。

奶奶经常跟我们念叨："你们爷爷比我强啊，这倔老头子，临走还去看了个天安门呢，我这辈子可就围着咱这乡转悠了。"

出殡那天，奶奶在爷爷坟前倒了三杯酒："我一辈子管着你喝酒，怕你喝多了伤身误事，现在我管不着你了，想喝就喝吧！"奶奶的酒刚倒进坟前土里，一行人号啕大哭起来。

耄耋之年的奶奶，仍旧保持着这些年里养成的习惯：黎明早起，喝山泉水，秋天晒一袋地瓜干，吃捣碎了的隔夜蒜。只是三叔把爷爷的那群羊卖掉了。

院子里顿时空了。

爷爷去世了，奶奶和爷爷的婚姻故事就结束了吗？我想，一辈子作为"他爹""他娘""爷爷""奶奶"这几个身份生活着的他们，只要他们的子子孙孙还在平安快乐地生活，他们的婚姻故事就一直都在，而这也是这一辈人的婚姻生活里面全部的要义。

那个年代，爱情叫相守

◇李翠娟

结婚时间：1965年

母亲：大字不识一个，从未出过远门的乡下丫头

父亲：吊儿郎当的高干子弟

父亲用自己的叛逆对抗着父母之命、媒妁之言，却在母亲一次次的包容、隐忍、细心呵护中慢慢醒悟。

母亲说："我们那一辈的人守着、伴着，一辈子就过去了。"

或许，那一辈人的生活便是对爱情和婚姻最好的诠释！

母亲被媒人领进县府大院那天，刚刚过了25岁生日。

一个从没有出过远门的乡下丫头，第一次进城就来戒备如此森严的地方，心里自然是很紧张的。

母亲规规矩矩地坐着，大气不敢喘一下。当父亲吹着口哨从外面进来的时候，母亲条件反射般地从凳子上站了起来，而父亲却看都没看她一眼就径直进了自己的房间。那一年，父亲20岁，高中毕业后复读了两年，还是没有考上大学。

爷爷当了多年的党委书记，在家说话从来都是说一不二。他看着父亲整天吊儿郎当的样子，从反感到厌恶再到后来的深恶痛绝……所以，有一天，他终于忍不住对奶奶吼道："都老大不小了，赶紧让他成个家吧，别再这样晃悠下去了……"

奶奶小声说："那他的工作咋办？"

"还能咋办？考不上大学，回老家村子的小学教书，那里正缺老师……"爷爷严肃地说。

奶奶不敢驳斥爷爷的话，她开始给父亲各方打听是否有合适的姑娘。

奶奶不想在城里给父亲找对象是有自己的打算的，父亲回乡下教书，而回乡下必须得和土地打交道，像父亲这样的公子哥，怎么能吃得下种地的苦？所以，奶奶想给父亲找一个吃苦耐劳的能干的媳妇，这样父亲就可以少受一些劳作之苦。

母亲早年丧父，虽然在家排行老小，但是因为哥哥姐姐都早已成家另过，所以家里的重活累活都是母亲一担挑，况且母亲又长得好看且性格温顺，当媒人对奶奶说了母亲的情况后，奶奶拍着大腿说，就是她了……随即让媒人带了母亲来给父亲看。

而父亲的意见怎么样，其实并不重要。

爷爷奶奶见了母亲后，当即就许下了这门亲事，他们完全没理会父亲的大吵大闹。

婚礼是在父亲来乡下教书的那个冬天举行的。

结婚一年多，父亲都没有和母亲说过几句话，也很少回家。

父亲实在难以接受这样一个比自己大了五岁且大字不识一个的女人做自己的老婆。在父亲的心目中，那个能走进自己心里的女孩，应该是一袭白裙，长发飘飘，会写诗读书看报的大家闺秀，怎么会是这样一个只知道干活的乡下丫头呢？

父亲最初的排斥很激烈，而他们的感情有所转机是在他们的第一个孩子因为照顾不周而夭折的时候，那时母亲终日以泪洗面，身体也迅速垮了下去。

也就是从那时起，父亲好像突然明白了什么，不再那么排斥母亲，回家的次数也多了。

好在母亲的身体底子好，也年轻，调养了一段时间后，身体很快就恢复了。

父亲虽然按时回家，可是每次回家时，都会带上一大帮朋友。这时，母亲不管在地里干活有多累，都会笑脸相迎，且好吃好喝地伺候他的这帮朋友。有邻居看不下去，就和母亲说："以后，他再带朋友回来，你不要管，你这么累，他都不知道帮你一下……"

这时，母亲总会说："来的都是客人，客人怎么能不好好招待呢？"

母亲像宠一个孩子似的宠着父亲……

那时候，母亲一个人种了20多亩地。累急了的她也会对父亲说："你放学后如果有时间，就去地里帮帮我……"而父亲总是低头不吭声。可是，放学后，干活的地里总会多几个父亲的朋友来帮母亲的忙……

说归说，父亲的好人缘还是挺让母亲感到欣慰的。

母亲后来开玩笑说："你父亲除了认识几个字和几个朋友，别的狗屁不通。"

随着几个孩子的相继出生，家里的活更多、更琐碎了，母亲就像一台不知疲倦的机器终日运作着……他们之间开始有了争吵。

那种争吵有时是歇斯底里的，这让我都觉得他俩在一起真是一个天大的错误。可是，很奇怪，就算吵得再激烈，我也从没听他们说过离婚之类的话，这让我有些纳闷。

有一次，父亲不知道什么原因，回家后对着母亲一顿大吼大叫，母亲感到有些莫名其妙，站起身，想和父亲理论一番，可是看看坐在旁边的我正惊恐地看着他们，脸色突然就缓和了下来，小声对父亲说："你别吓着孩子。"父亲随后默默地走到里屋没再出声。等我们睡着后，我分明听到父亲小声和母亲辩解着什么，而母亲始终没有回应父亲……

日子就这样过着，不好不坏的。

可是，在我十一岁那年，父亲还是出事了。那一天，家里突然来了很多警察，母亲坐在床上，泪流满面。父亲被带走的那一刻，不敢抬头看母亲，只是用颤抖的声音对母亲说着对不起……母亲没有抬头，直到警车出了村子，母亲才大声哭了出来……

父亲坐了十年牢。

十年的时间说长也不长，说短也不短。可是对独自带着四个孩子生活的母亲来说，那每一日、每一刻都是漫长的。

十年之间，不知道有多少人劝母亲改嫁。特别是母亲的哥哥姐姐们，态度更是无比强硬。他们对母亲说，嫁给这个公子哥，不但对娘家人没有任何帮衬，现在竟然让他们脸上也跟着蒙羞，这让人实在难以忍受……

母亲此时却是比以往更加平静。她每天照样下地、做饭、照看我们，对这些话置若罔闻。被逼急了，她就会说："我得帮他守着这个家，守着孩子们呢，等他出来，我把家还给他，我再改嫁……"

一年，两年，三年……渐渐地，说的人少了，我们的生活也慢慢平静了下来。

这期间，几个哥哥姐姐都相继参加了工作，而我也考上大学去了外地。父亲出来的时候，昔日乌黑茂密的头发已被白发代替，而那年，他也就只有40多岁……

母亲对父亲的重新归来是很高兴的，她并没有提离婚的事。

父亲跪在母亲面前，他还是重复着被抓走那天说的那句话，"对不起……真的对不起……"

母亲并没有多说什么，她只是走到里屋，端出事先炒好的一簸箕花生米，小声说："很久没吃这一口了吧，吃吧，早就给你准备好了……"

花生米一直是父亲的最爱，以前父亲过生日的时候，母亲总会早早起床，去放粮食的缸里给父亲挑拣花生米，一粒一粒，像是在捡拾一颗颗金子……挑好了，端去厨房，用小火慢慢炒，每次当那一簸箕炒好的金黄色的花生米端到父亲跟前时，总会看见父亲因为喜悦而露出的灿烂笑容……

十年了，父亲没有吃到母亲炒的花生米。我想，在牢里的这十年，父亲一定很想念这个味道吧！

父亲没有再去学校教书。

他在临街的家里开了一间小小的杂货铺。

父亲学识渊博，满腹经纶，每天都能吸引很多人到杂货铺来听他高谈阔论，小到村里的规划，大到国家大事，父亲已经成了村里的"新闻联播"……有时候，看到他讲到兴处，挥舞着手臂的样子，母亲站在不远处，脸上总会荡漾着一抹甜蜜的微笑。

对于这个男人，母亲的付出是心甘情愿的啊！

我是很少回家的，因为我不知道回去时该怎么面对他。

有时候，提了很多吃的回去，还没进门，他就急急地问："买西瓜了吗？你妈最爱吃西瓜了，下次别忘了……"这弄得我都有些哭笑不得，他什么时候变得这么婆婆妈妈了？

那日，我刚到家，他说："闺女，你帮我看一下店，我去镇上进点货。"

从上午到下午，整整一天都没见他的影子，母亲开始坐立不安，她一次次地去村口张望，又一次次地失望而归。我劝母亲说："他都多大个人了，没事的……"母亲总会瞪我一眼："你越来越不懂事了，他那么大年纪，骑着摩托车，能不让人担心吗……"说完这些，又自言自语道，"看他回来，我怎么收拾他……"语气恨恨的，让我有些担心……

父亲还是回来了，原来他进完货，跑到路边和人下棋，所以才忘了时间……

我以为母亲会破口大骂，不料她只是匆匆跑进厨房给父亲端出一碗鸡蛋面，说："赶紧吃，赶紧吃，饿坏了吧？"她脸上竟然没有一丝生气的样子。

有一次，母亲开玩笑地对父亲说："你知道，我为什么不和你离婚吗？因为这辈子你欠我的太多了，下半生我要让你好好补偿我，这样等你到了那一边，阎王爷才不会为难你……"父亲听了，眼神掠过一抹忧伤，他回头对我说："是的，我是该好好补偿你母亲了，我欠她的太多了……"

可是，还没等父亲兑现诺言，突如其来的一场病痛竟让父亲瘫痪在床，永远也没能再站起来。

父亲从手术室出来时，瞬间苍老了许多，他拉着母亲的手，欲哭无泪。

母亲拍拍父亲的手，说："没事的，会好起来的……等病情好转了，咱就回家……"

父亲瘫痪了八年。

八年时间，母亲也曾抱怨过伺候他太累了。而这期间，我们姊妹几个都相继结婚，我们和母亲商量，想把父亲接到我们各自的家里，轮流伺候时，母亲顿时慌了。她说："那怎么可以，你们伺候我不放心……"

父亲瘫痪在床，每天早上都是雷打不动地喝茶，母亲这时总会搬个小凳子坐在父亲床前，给父亲泡茶，泡好了，然后再把父亲扶起来，靠在床头上，一杯杯地递给父亲。

父亲喝茶的量是惊人的，一暖瓶水，往往一会儿就见了底。而喝完茶，这一上午，就是母亲伺候父亲小便的时间，母亲的劳累可想而知。

有时候回家看到母亲这么劳累，我总会忍不住流泪。我问母亲："你这一辈子值吗？"母亲总会淡淡地说："什么值不值的，有这么一个人陪着、守着，我心里就感觉踏实……"

我们村前面有一座大山，那里植被茂密，冬天的时候枯枝特别多，所以人们总喜欢去山上背点柴火回来生火做饭。

家里虽然有煤气灶，可是母亲说，烧点柴火，屋子里还干燥暖和，住着舒服，所以我们也就不反对母亲去山上背柴火。

有个冬日的午后，我正躺在沙发上看书，手机突然急促地响了起来，电话那头传来了父亲慌张的声音，自从生病以后，父亲就有些口齿不清了，再加上他着急，说了半天我才弄明白他的意思。原来母亲一大早上山背柴火了，到中午还没回来，父亲实在担心，就想办法把母亲落在他床脚下的手机够着，然后拨通了我的电话。

听见父亲在电话里一遍遍地重复让我赶紧回去找母亲的话语，那一刻，我突然觉得他此时的样子就像一个小孩子丢失了最喜欢的玩具一般无助，那样的六神无主……

我告诉他，我这就找村里相熟的朋友去山上找母亲。等了一会儿，母亲就回家了，他这才长长地舒了一口气，悬着的心终于踏实下来了……

因为劳累，母亲的身体一天比一天糟。有一次，我回家后无意中听到了他俩的对话。母亲说："要是我先走了，儿女们把你接去他们家，你一定要改改你的火爆脾气，别让儿女们为难……"还未等母亲说完，父亲突然说："如果真有那么一天，我就吃点毒药，和你一起走，这样路上还有个伴……"

说到这里，父亲突然话锋一转，说："要是我先走了，儿女们不孝顺，你就去找他们的几个叔叔给你做主……"

"不过，你放心，咱们的孩子没有不孝顺的……"父亲又喃喃地补充道。

我站在门外已经哭得不能自已，这份当初让父亲百般想逃离的感情，什么时候变得这么深厚了？

母亲的生日是在正月初六。父亲没瘫痪之前，都是在这一天亲自给母亲做一桌饭菜。因为父亲平时很少进厨房，而这一天竟然要亲自下厨做饭，所以母亲的生日对我们来说就显得特别隆重。我们都是早早地就等在桌子旁边，只等着父亲把菜上齐后，好好吃一顿。说实话，父亲的手艺真的很差劲，有时候，我们吃几口就各自跑开了，只有母亲坐在那里，慢慢地吃，细细地嚼，好像那是世上最美味的食物一样。

我们有时也会忍不住问："我爸做的饭菜有那么好吃吗？"

母亲总是笑而不语，也许那其中的味道只有母亲自己才可以咀嚼出来吧……

母亲一辈子都不善言谈。相比父亲的好口才，不管是争吵还是闲谈，她其实都是说不过父亲的。

可是，父亲是什么时候开始对母亲言听计从的，我已然忘记了。只记得很多次，母亲不同意父亲做什么事的时候，父亲总会不遗余力地为自己的行为力争几句，可是不到一分钟，又败下阵来，小声说"听你妈的，听她的没错"。

有时候，我们都会以此来取笑父亲，连他的外孙女都拍着手说："姥爷，姥爷，你满腹经纶，才高八斗，怎么就说不过姥姥呢？"

其实，哪有说不过之理呢，只是年龄大了以后，他懂得谦让和包容了。这时，我们都是会替母亲感到欣慰。母亲终于用自己的隐忍换来了这个男人的谦让和尊重。

其实，仔细想想，他们那一辈的婚姻，虽然没有现在那么多灯红酒绿的诱惑，可是，一路磕磕绊绊走过来，也是非常不容易的。

我想，他们之所以能坚持走下来，走到最后，不单单是传统观念和那个年代的束缚，更多的是他们始终如一的责任心，对婚姻的责任心和对孩子的责任心……

有时候，面对自己的婚姻出现问题的时候，我也会很迷茫，这时我就会想起父亲母亲的这一辈子，如果我处在母亲的位置，面对父亲这样有很多过错的男人，我是否能像她那样大度豁达呢？

我的答案是未知的。也许我会揪着父亲的小辫子不放，为此耿耿于怀一辈子；也许我会为了争一口气，远离曾经那个不可一世的父亲，以此证明自己的自尊有多重要；也许我会在父亲困难的时候，不去照顾他，让他承受一下犯错后的惩罚；也许……

所以，父亲总说："这辈子，有你母亲相伴，我值了……"

当我们赞叹他们的爱情和婚姻时，母亲是羞涩的，父亲也有些懵懂的样子，他们只是觉得一辈子这么过都是理所当然。

母亲总说："我们这代人，哪有什么爱情哟，守着守着就老了，伴着伴着一辈子就过去了……"

可是，母亲哪里知道，这种守着和伴着，就是对爱情和婚姻的最好诠释啊！

平行线『交叉』的命运

◇龚农

结婚时间：1957年

父亲：原本应是农夫命，却因自己的天资聪颖加上遇见了藏书千卷的老丈人而改变命运，但也因自己不甘寂寞的性格，引来了牢狱之灾

母亲：秀美端庄的地主家大小姐，因为出身问题，经历了坎坷的前半生，独自一人抚养孩子们数年，却依然坚守自己的家，操持着一切

父亲和母亲仿佛是两条平行线，彼此"触碰"不到对方，但他们却一直结伴而行，伸臂相连，成就了一段别样的爱情。

一

这是我手里保存着的父亲唯一的一张照片，也是我探究他起伏曲折人生轨迹的线索。父亲如一条孤独的直线，他从何而来，又走向了何处？在他生前我不敢问，他走后我不知问谁。这张照片与我朝夕相处，渐渐地，我与他达成了某种心灵上的默契，他的那些零零碎碎的人生片段，我小心翼翼地将其拼接起来，力求还原他内心世界的本色，尽力剔除家人对他的某些误解。

这也是我手里保存着的母亲唯一的一张照片，只不过是昨天才给她拍的。我发现，她瘦小的身子与宽大的实木躺椅是那么不协调，当时突然有了给她拍照的念头。趁着她正沙哑地絮叨着往事，我把手机镜头对准了她，反正她现在什么也听不见、看不见了。严重的视力损伤发生在她18岁花季那年，而耳背则是从去年才开始的。而今，母亲如晚风的秋叶，单薄的身子唯独说话流利、口齿清楚。我喜欢听她翻来覆去地讲过去的事情，可妹妹不爱听，经常打断她的絮叨，觉得那些话无异于陈芝麻烂谷子且有些"骇人听闻"，与眼前的生活气氛格格不入。

我从没见过父母的合影照。1957年，有文化的年轻人不可能不时兴结婚照，何况那时父亲还在县级机关工作，母亲教书的学校离县城也就10里路。在家里保存不多的几张照片里，发现了一张我两岁时手握乒乓球的萌照，可画面里既没有父亲也没有母亲的身影。

照片是种奇怪的记录。尤其是夫妻合照，不仅可以看出他们当时的颜值，更透露出彼此的心灵契合程度。

我由此以为没有合影照的父亲与母亲是一组平行线，并不曾交叉。但他们又各自引了垂线，最终还是相交了。由我们这些子女分别与父母形成了交集关系，兄弟姊妹间又形成了若干的小交集。不觉间，他们已经相濡以沫了60年，但那两条平行线依然若即若离。

灯光下仔细观看父亲的照片，我不得不承认，父亲年轻时是英俊的，有种自命不凡的气质，何况那时他才16岁。照片被装在木制的小相框里，背面是墨汁浸透纸板的一行字，依然清晰：1941年摄于江城大公中学。依父亲穷困的家境，他不可能读到中学，如果不是藏书千卷的外公家接纳他读书，如果没有大批冲出战火迁入四川后方不收学费的流亡中学，那他这辈子很可能就是一个标准的农夫了。偏偏他天资聪颖且有幸遇上了一个那样的老丈人。

神秘的基因有着人类难以洞穿的秘密，自从我年过五十以后，老家那些只晓得我乳名尚健在的老人猛然看见我，开口就说我长得太像父亲了。其实，我内心是不愿意像父亲的，他的一生太坎坷了。之前，我一直为自己像母亲而感到庆幸，觉得这一辈子如母亲那样平淡而有智慧最好。尽管我是在年老后才慢慢地像父亲，他古怪的脾气、坎坷的人生并没有遗传给我，但我还是不愿意听到别人说我像父亲之类的话。

夜里，我反复端详手机里母亲的照片。说实在的，她的面容有种别致的沧桑，没有一丝松垮，掩不住一种风韵，清瘦中带着矍铄，大家闺秀的身架子在那儿摆着。很想见到她少女、青年时期的照片，我不相信百年女中、省立师范的学生没有相片。我只能凭记忆推测她年轻时的秀美端庄。眼睛虽然极度近视，但里面有温情、有希冀。现在她从不说清瘦对老人不好，纠结于心的是视力越来越弱，听力也日渐衰弱。偶尔，她仿佛自问自答，问我们她这视力还有没有改善的希望。我便安慰道："有可能，只是没有寻访到好的医生。"其实，母亲对我的话是将信将疑的。

一次，我故意问她："您以后愿意到我们哪家就到哪家，行不行？"母亲回答得很干脆，也很平静："我哪儿也不去！"随后又说，"你想，一个又瞎又聋的老太婆，到别处生活多不便呀，算了，不给你们添麻烦。"腔调里没有悲戚，但我却是一阵阵地心酸。似乎她已经习惯了一个人在家的寂静，黑暗中有她熟悉的光亮。

午夜两点，万籁俱静，梁城的气温低到0℃左右，我从这不熟悉的寒气中醒来，等待母亲的一声咳嗽，可是什么声响也没有。重庆东北部的这

个小平原，不远处是隆起的山峦，如一道屏障，既阻挡了更冷的寒流袭击，也隔绝了山那边升高的平湖之水漫漾。刚才的梦境有些跳跃，一会儿在平坦的城邑街巷，一会儿在连绵起伏的沟壑，仿佛平原与山峦相距甚远，各不相干地存在着。父亲是那条沟的儿子，那沟够荒凉够寂静，而母亲则是平原水乡孕育的女儿，小城里水东门四合院的闺秀，从小衣食无忧。60多年前，他与她毫不相干，天生的一组平行线，谁也不能预期他们会相交。

二

这是我手里保存着的父亲唯一的信件。在自然的时序中，信件始终是一张年轻的脸。父亲刚退休时，身边暂时没有儿孙绕膝，那段时间成了他文字创作的高峰期。时不时给不在身边的儿女或亲人写信，就是他创作的作品。在这座小城，他的书法水平小有名气，无论用毛笔还是钢笔。读他的信，是一种享受。

这封信的内容，至今我仍记得清楚，他提醒我一定要回家过春节，并且不要带什么礼物，辗转千里实在不便。其实，他更想看他的孙子，隔辈亲嘛。当时，大巴山正下着许多年没有下过的大雪，我犹豫着要不要回家过春节，接到父亲的信时，自感羞愧。

这也是我手里保存着的母亲唯一的信件。字体是标准的小学教学板书体，工整而干净，充满了老师对学生的引导之意。我在还没有发蒙读书前，就在她的教室里厮混，看似无所事事，没有玩伴儿，事实上我成了她的一名编外学生，常常在被提问的学生回答之前，在一旁冷不防地发声，次次回答正确，气得母亲用教鞭将我赶出教室。

这封信的内容，令我吃惊而不安。母亲在胃切除手术恢复后才告诉正在上大学的我。母亲说，她当时以为自己挺不过去了，内心极其渴望见我一面，但又怕耽误我学习，刚刚恢复高考，能上大学不容易。我觉得这是世界上我读到的最美亲情家书，文笔与表意、理智与亲情融为一体。

一个善于以写作释放自己情绪的人，要想让他停下笔来是很难的，况且他骨子里自命不凡，有极强的表现欲。而另一个人能写，却十分吝啬笔墨。由此，带来的命运大相径庭。母亲因为自己出身不好，没有留着可抓把柄的只言片语，使得她躲过了一次次离头顶不远的厄运。她那终身难愈的眼疾，算是那个时代留给她的印记。18岁的她代替卧床不起的外婆去挨批斗，因为没有及时招呼村妇女主任，眼部便遭到突如其来的重重一拳。

好多年里，父亲和母亲各在一所学校任教，星期天才能在母亲学校相会几个小时。这段时期，正好让孤独的父亲有时间发挥写作的才能。殊不知，他除了写领导安排的标语、海报，写老师合唱团的歌单以外，还写了充满个人情绪的诗歌。不甘寂寞的性格，竟给他引来了意外的灾祸。

母亲并不知晓，父亲竟然保存着那几首诗稿，但她时刻对父亲的"会写"充满担忧。1957年，父亲因为入党预备期再延一年而生了闷气。母亲曾提醒过他，不要在大会上乱说话，也不要私下写东西。父亲话倒是不说或少说了，但是写东西的习惯却无法根绝，仿佛他天生就是为写字而生的，写字就是他的生活常态。1966年"文化大革命"爆发，父终究没逃过这一劫。

对父亲出众的才华，母亲一点也不曾怀疑，内心是崇拜的，但她从不当着父亲的面夸他，怕的是他愈加骄傲，因骄傲而犯错误。尽管父亲早已过了骄傲的年纪且因骄傲获罪数年，吃了不少苦头，但母亲还是本能地提醒着他。

父亲被停止了教书的权利，只配给了他单位烧水蒸饭的活儿。即使比以前有了更多的空闲时间，但他不敢也不能再碰他心爱的毛笔和二胡。不知道那些年他是怎么熬过来的。平反正名后，他领到了一大笔补发工资，不和母亲商量就径直去了妹夫当领导的纸厂，抱回了一大摞白生生的宣纸，那是一摞足够他写到80岁的纸，这便花去了三分之一的钱。接着，他又去百货大楼门市排了3天队，抱回来一台14时大的彩色电视，将余钱花光了。母亲急得眼泪横流，抱怨他今后一家人拿什么吃喝时，几个孩子却围着雪花斑点闪烁不停的荧屏高兴得不行。父亲这样做，似乎要把被耽误书法练笔的时光给夺回来，也意在弥补他对我们母子的亏欠。

对孩子，母亲无疑是最无私的，但父亲也绝不是自私的代名词。

三

这是我手里保存着的父亲唯一的曲谱。词曲作者都是他，写的什么内容不重要，看到它，我仿佛感触到了他内心柔情的一面。一生酷爱音乐的他，给母亲的感觉是他爱音乐胜过爱这个家。

一次，到了月底的那天，当月的供应粮吃完了，米缸空空如也，母亲着急，却只见他一个人在教室的角落里拉二胡，好像拉的刘天华的《光明行》，接着又拉《金蛇狂舞》。母亲气不过，上去欲夺抢二胡，恨不得摔坏了才解恨。父亲起身用手一挡，将母亲碰了个趔趄，母亲躲进卧房里号啕大哭。父亲一声不吭，提着二胡就奔向山里，回来时拎着个口袋，里面装满了山药、红薯之类的东西。

这也是我手里保存着的母亲唯一的歌单。母亲一直爱唱歌，除了"文化大革命"时期她缄口不唱。这张歌单的歌名是《走进新时代》，老年大学音乐班的教材。她至今还能完整地唱出《松花江上》《黄河大合唱》，以及省立第四师范学校的校歌，令我吃惊于她的记忆力和乐感。事实上，她开始学唱这首歌时，家境殷实的日子已被日本的炸弹炸飞了，外婆带着母亲和舅舅逃难到乡下躲飞机，外公在城里的生意没能支撑几天便也回到了乡下。靠变卖祖上留下的田租还债度日，到最后只剩下十几担谷子的田地，但新中国成立时依然被定为剥削成性的地主家庭。

母亲现在是老年大学音乐班里年龄最大的学员，她自己也说不清读了多少届。我不知道这张歌单对于眼睛失明的她有何实用意义？可母亲却不这样认为，经常把那些歌单清理整齐。其实，她唱歌是不看歌单的。

见到父亲和母亲最温馨的画面，并不是父亲为母亲洗碗，而是父亲和母亲站在阳台上一起唱歌，也就这一次。原来是父亲所作词曲的歌，他需要人去分享他的成就感，最好的人选就是母亲。先是父亲一句一句教唱，然后是齐声唱。但大多数时候，母亲在老年大学里唱歌，而父亲则是去城后的松林里独自拉二胡。

父亲是孤独的，母亲也是孤独的。但有时他们又好像不是孤独的，因为他们唱的都是同一时代彼此都熟悉的歌，共同谱写了这个平凡家庭的生活之歌。

四

这是我保存着的父亲唯一的遗物，一把旧蒲扇。

童年的每个夏天，父亲都要给全家人发扇子。这仿佛是祖先传下来的仪式。

被我们称作"油纸扇"的折扇价钱要贵些且不耐用，于是乡下人大都使用竹篾扇或蒲扇。新扇子握在手里轻轻一摇，凉爽扑面，还散发着竹子和蒲草的清香。令人称羡的竹篾扇，巧妙运用了青篾和黄篾色泽的区别，编织出各种花鸟图案，更绝的是还能呈现扇子主人的名字。

大蒲扇则是父亲自己的，夏日里几乎不离他的手，倒是没有见过他给自己享用多少。父亲手里的大蒲扇似乎是给孩子们降温的专用工具。父亲很爱惜他的大蒲扇，精心地用布条包住沿口，借此来延长它的使用期限。

父亲的这把老蒲扇，摇啊摇，摇过了一个又一个炎夏，摇大了一个又一个孩子。

晴热已久的夏夜，上半夜热气依然不散，闷在屋内是睡不着觉的。待太阳落山了，父亲就会铺开一张竹棍编成的凉床，支在两张长条凳上，在院坝里为全家人搭起歇凉的地方，等屋里的热气消散后再回屋睡觉。碰上热得难以忍受的时候，我们干脆就躺在凉床上，陪着星星睡一宿。父亲为了孩子们不受蚊虫叮咬，尽快入睡，就坐在旁边，不停地手摇着大蒲扇。摇着摇着，我们就迷迷糊糊地进入了梦乡。

大学的第一个暑假，我逃离"热岛"回家。作为在"文化大革命"中荒废了学业的一代，我虽荣幸地赶上了恢复高考的首趟列车，跨进了高等学府的门槛，但自知"先天不足"，生怕跟不上课程，于是就利用假期"恶补"中学课程，猛啃数学分析等专业书籍。惜时如金、埋头读书的我，根本顾不上天气的炎热。

酷热让我脸颊汗珠不断，脖颈生出密密麻麻的痱子。那时能用上电扇的人家极少。父亲见我学习如此刻苦，欣慰中甚感心疼，于是竟停下每天必写的书法，静静地站在一旁，为我摇起了蒲扇，轻轻地摇，没有声响，带有节奏的凉风，让我沉浸在温馨清凉的境地中。

这当然令我的身体凉快了许多，却不能让我心安理得地享受这一切。我连忙说不热不热，多次劝他歇着，但他却照样面带微笑，摇扇不停。见劝说无效，我只好放下书本搁下笔头去树林里待一阵。那时我想，作为儿女将来该做点什么才能报答父亲一生的操劳？至少，得买一把他喜欢的又大又新的蒲扇吧。

新学期返校，临上车时，本来清晨凉风习习的，父亲硬要把他那把大蒲扇塞在我手里，说是"秋老虎"还在，身体不能热坏了。不知是真的忘在了车上了，还是心里觉得那蒲扇太过土气而有意落下，反正我没把父亲的蒲扇带到同学面前。就这，深切的愧疚一直缠绕在我心中。

于是，每到夏日我便想着要给父亲买把新扇子，各种材质花样新颖的都有，就是寻不着从前的那种大蒲扇。我感到很失落，不知道还能拿什么来慰藉日渐老迈的父亲。记忆里的老蒲扇永远地消失了，我偿还父亲的心愿仿佛也随风而去了。

然而，父亲没能等到我给他买回新蒲扇，也没等到妹妹搬进有空调的新居，就一个人带着那把老蒲扇安静地远去了。可我们并没有觉得他走远，正如他习惯钻进清凉的山林一样，只当他独自进山读书或者坐在松林下拉二胡去了。出门的时候，依然是手带那把蒲扇，提了一个水壶。妹妹搬进新家的那天，我们不约而同地想到了父亲，只听母亲说："孩子他爸，在那边热吗？"我补充道："您要是觉得太热了，我迎您进屋享受享受空调吧，再使劲儿摇扇也比不了这啊，您不知道这里有多凉快呢！"

母亲还健在，谈不上遗物。但我已经看上了她的一个糖罐子了。

母亲年轻时，很会打理全家人的生活。即使在副食品极度短缺的年代，橱柜里总藏着神秘的大坛小罐，哪是猪油罐子，哪是白糖罐子、冰糖罐子，只有她自己分得清楚。白色小瓷坛装的是蜂蜜，只在哪个孩子闹肚子痛时，她才舀一小勺，用于刮背、提胸口，此法竟也神奇，屡试不爽。

还是白糖令人口馋，大抵是蜂蜜不够甜、味儿冲的缘故。在白糖供应趋紧之后，母亲就给橱柜门上了锁。殊不知，这锁对于我们来说形同虚设，我们悄悄地将锁弹子退去，看上去锁完好无损，其实，白糖罐子里的白糖早就被我们悄悄放进稀粥里吃了。

到了那年隆冬，抵不住奇寒的奶奶哮喘发作，躺了半月之久。母亲想，也许是奶奶太过虚弱，补点营养便会好起来。于是，她抱出白糖罐子，准备给奶奶冲一碗白糖蛋花汤。哪知罐内空空如也，即使底朝天也倒不出半颗糖粒儿来，便纳闷这白糖难道是长翅膀飞了不成？我默不作声，不敢解释真相。那一刻，我感到了这件事对全家的伤害，尤其是对母亲珍藏希望的打击，真是无法原谅。偷吃白糖的甜蜜快感最终化作了负疚感，沉沉地积淀在我内心深处。

其实，当时最需要营养补给的是母亲。脸色蜡黄、腰酸背痛的她，即将面临急性肾炎的爆发，胃脘也时常隐痛，全是过度操劳家事而落下的毛病。但她却从未碰过那些珍藏的白糖和蜂蜜。甜蜜的美味似乎只存在于她的记忆中，她一说起幼时外祖母制作的麻糖、米花糕，总是收不拢话匣子。

如今，母亲终于有了专属的蜜罐子。橱柜里一排排的，如琳琅满目的展示厅，全是儿子从千里之遥的大巴山给她带来的。当然，现在她再也不用上锁了。

父亲的蒲扇，母亲的蜜罐，最终会映化叠加在一起，永远在我记忆的天空里飘荡。

两条平行线，尽管不会相交，但却能够一直结伴而行，伸臂相连，相濡以沫。也许，这也是一种爱情。

豆腐理论与婚姻经

◇李寒烟

婚龄：50多年

大爷说："要做出好吃的豆腐主要有四点：一要掌握好火候，二要点好卤水，三要处理好压力，四要注意质量和包装。"

婚姻亦是如此。有着精湛的做豆腐技术的大爷是怎么将这一套经典的做豆腐理论恰到好处地融入他的婚姻中去的，且来听一听他做豆腐做出来的婚姻经。

我的老家是农村。对农民来说，除了种地，往往还会搞一些副业。在长期的发展过程中，村里人互相学习，互相影响，很多村庄就有了属于自己的产业特色。我们村就是这样，村里人的副业主要有两个：一个是冬天卖粉条，以前农民穷，但是在临近春节的时候，一般人家都要购买一些粉条、粉皮之类的东西过年，于是村里人渐渐地开始通过卖粉条来赚钱；另外一个是卖豆腐，与卖粉条季节性较强相比，卖豆腐的季节性却不那么强，一年四季都可以卖，再加上卖豆腐除了有一定的利润，还可以赚到豆腐渣，豆腐渣的营养价值很高，对经常卖豆腐的人家来说，天天一二十斤的豆腐渣主要用于饲养牲畜。一般经常卖豆腐的人家，家里都会养几头猪，天天吃豆腐渣的猪长得膘肥体壮，到了可以卖的时候，还能一下子赚不少钱呢。

想当年，在做豆腐生意最火的时候，村里几乎家家户户在做豆腐。家家做，自然不可能在村里卖。于是每天凌晨，村里的卖豆腐大军就浩浩荡荡地出发了，有很多人为了更好卖，往往要走出去十几甚至几十里路。

做得多了，难免就会有人感到纳闷，附近村里的人甚至都在盛传我们村做豆腐有什么绝招，更有甚者无中生有地编造了一些带有传奇色彩的说法。其实，真的没有什么绝招，都是实实在在的技巧。

你可能也要问，既然卖豆腐有这么多好处，为什么别的村庄卖的少，这一方面是因为别的村没有这样的习惯，或者说别的村庄有别的副业；另一方面是因为做豆腐看起来简单，实际上里面有许多诀窍，一般人很难掌握。

我的邻居家就是做豆腐的，按照辈分，我管他们老两口叫大爷大娘，如今他们已经80多岁了，身体都还不错，虽然他们现在已经不做豆腐了，但提起做豆腐，他们总能说得头头是道。尤其是大爷，遇事喜欢总结，平日里喜欢与人聊天，每次回家，我只要有空就会到他家坐坐，跟他聊一会儿，听听他对人生的感悟，聊聊他从做豆腐中感悟到的人生哲学和夫妻之间的相处之道。

因为大爷非常善于总结，80多年的风风雨雨也确实让他有了很多的人生感悟。甚至单单从做豆腐这件小事上，大爷就能够悟出很多道理。而且在夫妻相处之道与做豆腐的关联的问题上，我觉得大爷讲得也很有深度。

掌握好火候是基础

生活中的任何事情都要掌握好度，过犹不及，说的就是这个道理。过了或不及，都不好。

就以做豆腐来说，涉及度的地方非常多。首先是火候：火候小了，做出来的豆腐是不熟的，仔细品尝有一种生豆子的味道；火候大了，弄不好就会把豆腐汁烧糊，这样做出来的豆腐就会有一股糊味。火候掌握不好，做出来的豆腐不但口感不好，吃了也是不利于健康的。要掌握火候的度，这就需要技术。

在具体的操作过程中，主要表现在烧豆腐汁的过程中，因为一包豆腐需要十几斤甚至二十多斤豆子，这样做出来的豆腐汁就比较多，所以在烧豆腐汁的时候，需要把豆腐汁放在一口大锅中，这时，特别需要掌握好火候，烧火不能太急，否则很容易把靠近锅的豆腐汁烧糊，当然也不能太慢，太慢的话浪费时间。这是烧火过程中的火候问题。

等豆腐汁快要烧开的时候，更要掌握好火候，临近烧开的时候，豆腐汁在锅中渐渐沸腾，锅里的豆腐汁迅速增长，这时必须让豆腐汁充分烧开，但稍有不慎，锅里的豆腐汁就会迅速沸腾，从锅中跑出来，所以在那一刻做豆腐的两个人一定要密切配合，配合不好就会出问题。

这时，一般是一个人烧火，另一个人看锅，在豆腐汁就要沸腾的时候，用勺子在豆腐汁里搅两圈就不会再沸腾了。于是，烧火的继续烧火，待到再次要沸腾时，看锅的人依旧如此操作。当这样的操作重复了两三遍的时候，锅里的豆腐汁再也不回落，而是不停地往上冒，这时烧火的人必须立即停止，看锅的人必须迅速用大勺把豆腐汁舀到事先准备好的大缸中。

因为这个火候需要两个人的密切配合，而家中做豆腐的往往都是夫妻。在这个过程中，一到了关键时候就需要夫妻之间互相提醒，注意力高度集中。在实际操作的过程中，确实有夫妻配合不好而出问题的情况出现。有的因为烧火过旺而烧糊了豆腐汁；有的因为反应速度慢而导致跑了锅（跑锅是指锅里的豆腐汁溢到了外面）；有的是因为害怕跑锅而导致豆腐汁没有煮熟……这些都是做豆腐的大忌。

对待婚姻也是如此。夫妻之间难免产生矛盾，也难免会闹点情绪，但不管是什么情况，都要掌握好火候。这个火候的最大问题是要掌握好度，就是一定不能过了，否则就一发不可收拾了。

时常给生活加点卤水

当我问大爷还有没有别的夫妻相处的诀窍时，大爷笑着说："当然还有很多，譬如要时常给生活加点卤水，豆子是豆子，水是水，这两者本来是没有关系的，可是经过加工，加入卤水，这两者就有机地结合在一起了，也就成了豆腐，这时就没法分出豆子和水了。你说是不是？"

"对呀！大爷说得很有道理。"我不禁点头称是。

"夫妻之间本来也是没有关系的，你是你，我是我，要想让本来没有关系的两个人真正成为一个整体，那就需要给生活加入一点卤水，有了卤水，夫妻才能成为一个整体，最好的夫妻关系就是成为一个不可分割的整体的关系，要是夫妻双方分得很清楚，哪儿是你的，哪儿是我的，哪件事是我的功劳，哪件事是你的功劳，这就不好了。这样的夫妻肯定是不和谐的夫妻。"大爷笑着说。

"这个道理我明白了，我想听一下，大爷您是怎么给婚姻加'卤水'

的?"我认真地问大爷。

"这个学问就大了,每对夫妻是不一样的,我觉得有几个方面特别重要。这还要从我和你大娘年轻时的经历开始说起。"

据大爷介绍,大娘年轻时非常喜欢听周姑戏,这种戏是我们家乡的一种地方戏。只要有唱戏的,不管是在本村唱还是在附近村唱,大娘一定会去听,并且认真地从头听到尾。

大爷也是在大娘听戏的时候认识她的。其实,大爷那时根本就不喜欢听戏,他之所以去听戏,是因为那时候听戏的姑娘特别多。说到这里,大爷不禁笑了起来。看来,大爷还是个有心人呢!

不用说,在听戏的时候,大爷故意找机会与大娘接触,一来二去,二人就认识并结婚了。婚后,他们很快就有了孩子,这时家庭生活就变得异常忙碌了,但是每当村里唱戏,大娘还是非常想去听,这时大爷就不同意了,于是两个人就产生了矛盾。后来,大爷发现尽管自己不允许,但大娘还是会偷偷溜出去听戏。为此,他们不知道吵了多少次。可是吵归吵,村里来了唱戏的,大娘还是会去听戏。

大爷渐渐发现只要让大娘去听戏,以后很长一段时间,大娘的心情都会特别好,心情好了,很多事情就好处理了。于是,不管多么忙,大爷总是会拿出时间自己看着孩子,让大娘去听戏。在孩子小需要喂奶的时候,大爷就抱着孩子去和大娘一起去听戏。

慢慢地,大爷也渐渐喜欢上了周姑戏。

大爷认为,是周姑戏成就了二人的婚姻,拉近了二人的关系,于是周姑戏就成了他们夫妻二人的"卤水"。

其实,对夫妻来说,拉近夫妻关系的可能不仅有"卤水",还有很多别的东西，如共同爱好与生活情趣等。所以夫妻双方在生活过程中要积极主动地去寻找生活中的"卤水"。给生活加点"卤水"，夫妻关系自然会变得更加和谐、稳固。

压力是人生的成功法宝

我觉得大爷这一生非常成功，无论是爱情还是事业。于是，我便问大爷成功的法宝，而大爷却笑着又给我讲起了做豆腐。

"做豆腐的一个环节是压豆腐，你可知道？"

我摇了摇头。

"所谓压豆腐，就是把豆腐汁点上卤水，炖好豆腐脑之后，把豆腐脑迅速弄到一个早已预备好的筐子里，筐子里有一个包袱，当把所有的豆腐脑都弄到筐子里之后，迅速用包袱把这些豆腐脑包起来，然后在上面放一个盖顶，接着在盖顶上面压一件东西。这就是压豆腐了。压豆腐的作用有两个：一是帮助豆腐成型，二是把豆腐脑中多余的水分压出来。压豆腐看起来简单，没有多少技巧，事实却并非如此。压豆腐的技巧完全在于所压东西的重量如何。"

"我知道！"我说。

"那你说说看，要做嫩一些的豆腐，应该压得轻一些，还是重一些呢？"大爷笑着问我。

"嫩一些，自然是相对水分多一些，应该压得轻一些。"我沾沾自喜道。

"你错了。"大爷笑着说。

如果压的东西过轻，表面上看豆腐脑中的水分出来的少，而由于靠近包袱的豆腐脑承受的压力不足，就难以形成致密的豆腐，里面的水分就会

源源不断地流出来，直至全部流完。相反，如果压的东西重，在刚刚压上的那一瞬间，豆腐出水特别多，但很快它表面就形成了致密的一层，里面的水分就流不出来了，慢慢地这些水分就成为豆腐的一部分了。

其实，人生也是如此。要想增加人生的含量，就要增大生活的压力。很多时候，一个人承受的压力有多大，他的成就就有多大。

接着，大爷说起了他这一生遭遇的困难和承受的压力。

大爷年轻时就没了父母，虽有哥哥、姐姐，但他们也帮不了自己，所以大爷从小就学会了自力更生，靠自己的双手努力去生活。

大爷这一生养育了八个儿女，而且个个都有出息，这可是非常不简单的事情。因为当时的经济情况都非常困难，别说有这么多孩子了，就是孩子少的家庭的生活也好不到哪里去，更何况还要把几个儿女都养大、养成才，其中的艰辛是可想而知的。

压力大，似乎不利于夫妻和谐，但是大爷却不这样认为。大爷说，适当地增加压力，更有利于夫妻关系的和谐。我问大爷原因，他笑着说："饭都吃不上，每天忙碌无比，哪有时间去闹矛盾？"

有时，人的承受力是很大的，压力越大越有利于成功。同时，适当的压力也有利于夫妻关系的和谐。就像大爷说的，现在很多年轻夫妻之间闹矛盾、搞婚外恋多半是因为闲的，忙的人哪有时间去搞这些事情。

质量是关键，包装不可少，对夫妻来说，责任是根本

关于质量与包装的关系，大爷还是说到了豆腐，豆腐的质量显然是非常重要的，如果豆腐的质量不好，即便包装得再好也只是徒有其表。然而，我们也要注意适当包装，因为对客户而言，尤其是那些第一次准备买你豆腐的人，他首先看到的就是你的包装，如果盛豆腐的工具不好看，甚至不卫生，客户肯定不愿意购买。

对夫妻生活来说，质量就是你对对方的爱。在日常的生活中，你到底爱不爱对方，到底有多爱对方，对方是能够感受得到的。如果你深爱着对方，在很大程度上，有一些不愉快的小插曲也是正常的。相反，如果你根本就不爱对方，即便不时给对方一些小惊喜，制造一些小浪漫，也不能从根本上改变对方对你的看法。

真爱无须隐瞒，真爱也难以隐瞒。同样的道理，虚假的终归是要露馅的。所以对夫妻而言，首先是要对对方忠诚，真诚地爱着对方。

当然，人的需求是会不断增长的。有时，仅仅有爱是不够的，为了让生活变得更加协调、更加美好，就需要不时地制造一些小浪漫，给对方一些小惊喜，这样更能够增进夫妻的感情。

我问大爷具体是怎么做的，大爷就给我简单地说了起来。

大爷说："咱年轻的时候长得帅却找了你大娘，主要还是因为家境差。倘若家境好，我肯定能找到个更好的。"大爷说这话的时候，悄悄地瞅了一眼大娘。还好，大娘正在忙，没听见。

大爷接着说："等我结婚后，有一段时间在县里的土产公司上班。有个长得很漂亮的姑娘看上了我，想跟我好，而那时我已经和你大娘有了两个孩子了。

"当时，我毫不犹豫地拒绝了她。我认为婚姻不仅仅是所谓的情感。情感是会变化的，也是不稳定的。婚姻是一种责任，不是说散伙就散伙的。

"对于这件事，你大娘也知道。我认为对已经结婚的青年男女来说，

婚姻更应该谈责任，而不应该一味地说什么爱情。

"既然和对方结婚了，尤其对男人来说，需要对家庭负责，对孩子负责，对双方父母负责。要知道，一个有责任感的男人才能成事。"

是呀，婚姻是一种责任。这也许是大爷对婚姻最简单也是最深刻的感悟吧。

大爷今年87岁，大娘也已经86岁了，但是他们的身体都还不错。看着这样一对历经过人生坎坷与沧桑的老人，我的心里无限感慨，真心地祝愿他们健康长寿、幸福永远，同时也暗下决心一定要经营好自己的婚姻。

◇ 厉周吉

在不完美的日子里用完美的心态生活着

婚龄：50多年

他，人穷志不短，靠自己的上进心赢得了她的芳心。

她，对他一见钟情，为了他，五年来拒绝了无数人的追求。

一对有情人在不完美的日子里用积极且完美的心态生活着，相互体贴、相互照顾、相互尊重，成就了幸福的婚姻，活出了精彩的人生。

启深老人是我的邻居，按照辈分来说我应该管他叫二大爷。他今年已经89岁了，身体还算硬朗。我的二大娘和他同岁，身体也很好。去年麦收期间，我回家还看见两位老人在一起晒刚收的麦子。

最让我羡慕的是，二大爷一家几乎很少吵架，两个人多少年来，关系一直都很好，而他的五个子女也发展得不错。今年春节过年期间，我去给二大爷拜年，顺便在他那里喝茶，同去给他拜年的还有几个晚辈，大家都表达了对二大爷、二大娘两位老人的祝福，同时我们也听到了二大爷对幸福婚姻的切身感悟。

积极进取，让二大爷有了幸福的婚姻

回忆起和二大娘的爱情，二大爷先是一阵感慨，然后慢慢地给我们讲起了他们的经历。

二大爷的家境不好，在他12岁的时候，父母就相继去世了。当时二大爷家中有六个兄弟姐妹，二大爷排行老三，一开始多亏奶奶的照顾，否则这群孩子的生活会更艰难。

在二大爷15岁的时候，奶奶也去世了，整个家就靠几个小孩支撑着，其中的难处不言而喻。

等到了找对象的年纪，由于家中实在是太穷了，根本没有姑娘看得上二大爷，但是二大爷一点也不自卑，靠自己的努力最终赢得了二大娘的芳心。

当时几个村的青年在一起干活，因为没有几个识字的，所以要找个记账的都不好找。二大爷虽然没上过一天学，但是从十多岁开始，一有空就到村里的学堂学习写字。经过几年的努力，他硬是学会了看书写字，虽然水平有限，但是在当时来说，已经很难得了。于是，二大爷被选为两个村里的会计，在记账的过程中，二大爷的优点和长处得到充分的展示，就在那时，在一起干活的邻村漂亮姑娘二大娘看上了二大爷。

当二大娘回家同家人说了自己的想法时，二大娘的家人非常生气，坚决不同意这桩亲事，因为二大爷家实在是太穷了。

后来，二大爷托人到二大娘家表明自己的态度：虽然家里现在很穷，但是他一定会通过自己的努力让二大娘过上幸福的生活。当然，这样的表态依旧打动不了二大娘的家人，但却打动了二大娘的心。

以后的五年间，无论谁来提亲，二大娘都一口回绝。后来，二大爷也通过自己的努力，被乡里的供销社领导看中，调到了乡供销社工作。这在当时可是一个非常不错的工作。这时来给二大爷提亲的姑娘也多了起来，但二大爷只中意二大娘，他又一次托人到二大娘家提亲。此时，二大娘的家人终于答应了这门亲事。

对这份来之不易的婚姻，两个人都非常珍惜。关于自己能够找到这么好的姑娘，二大爷说，最要感谢的是自己那份积极进取的生活态度。

夫妻之间的好是双方的，尊重妻子的感受，才能让生活更幸福

二大爷说："爱情和婚姻是两回事，很多人在谈恋爱的时候，幸福得一塌糊涂，但真正开始夫妻共同生活的时候可能又是另外一副样子，有很多夫妻可谓矛盾重重。"

其实，这也很正常。因为结婚之前夫妻双方不可能全面了解对方，每个人的生活习惯和处事方式有所不同，当生活在一起的时候，必须学会正确的相处方式才行，对夫妻双方来说面临难以抉择的事情时，一定要慎重。

二大爷说，他一生中有好几件事令他终生难忘。

一件事是关于孩子上学的事。二大爷有五个孩子，当时关于大女儿上不上学的事两个人的意见不太一致。二大娘想让大女儿上学，二大爷却觉得女孩没必要，而当时这么大年龄的即便是男孩也有很多是不上学的。对二大爷的想法，二大娘很不赞成，因为她觉得只有上学才会有出息，不上学很难有好的前途。二大爷不想让孩子上学是因为当时家里确实不富裕，如果孩子们不上学，可以挣不少工分。

两个人意见不一致，免不了争吵，最终还是二大爷占了上风，于是我的这位大姐就没上过学。

再后来，大姐的弟弟、妹妹们都上了学，并且都找了不错的工作。大姐则一辈子生活在农村，生活水平也不如弟弟妹妹们。为这事，二大爷一直觉得自己对不起大女儿，也为自己当初的错误决定遗憾不已。

有了这次的教训，他觉得要认真考虑二大娘的意见。尤其是大事，要相互商议，这种商议是每个人都要开诚布公地说出自己的想法，然后大家再一起来分析各种方案的优缺点。一开始是夫妻之间慎重商议，当孩子们渐渐长大的时候，他们也让孩子参与意见。他们从来不会因为自己是家长而不尊重孩子的想法。这一方面锻炼了孩子们分析问题和解决问题的能力，另一方面也让孩子们从小就养成了民主处理家庭事务的习惯。事实证明，等孩子们都成家立业了之后，他们的家庭生活也都非常和谐，这不能不说二大爷的做法和教育方式值得我们好好学习。

对家中的大事，并不是一次商议就能解决问题的，事情在发展过程中随时会有一些新情况发生，所以在事情发展过程中也要随时商议，这样做的好处是能及时纠正当初的错误，纠正在行动过程中出现的偏差，不至于在错误的道路上越走越远。

对夫妻来说，相互商议的过程也是感情交流的过程。当夫妻二人平心静气地坐下来考虑一件事，对一件事各抒己见，再一起分析每种做法的优点和不足。那么，夫妻之间的感情也会在充分的交流中得以升华。

在现实生活中，很多人自以为是，总觉得自己比对方强，遇事不商议，完全凭自己的意见去做，这样做的结果一方面是对事情考虑不全面，做出的决定往往是偏颇的，甚至是错误的；另一方面，如果另一个人的意见长期得不到尊重，难免会产生情绪，长此以往，夫妻的感情会越来越差。

所以，夫妻之间对家中的事情要进行充分讨论，从另一个侧面来讲，当一件事情发生了，不管当初是怎么商议的，不管是按照谁的意见决定的，都不要相互埋怨，否则只会严重地损害夫妻之间的感情。

相互体贴，互相照顾，让生活变得更加美好

在二大爷75岁那年，血压升高明显。对老年人来说，这是比较严重的病了。医生建议他戒烟，可是要想戒掉几十年的烟瘾是一件非常困难的事。那段时间，二大娘一直陪在二大爷的身边，不停地劝他少抽烟。后来，二大爷的烟虽然没有戒掉，但是抽烟量已经少多了。

以前，二大爷家吃饭口味比较重，做饭放油、盐都比较多，自从二大爷得了高血压，二大娘做的饭菜明显清淡了很多。一开始，大家都不太习惯，但为了身体健康，慢慢地也就适应了。

其实，生活上的照顾还是其次，心理上的照顾才是二大爷最感激二大娘的地方。自从得了高血压，二大爷的心情总是不太好。二大娘知道这样下去更不利于他的健康。于是，二大娘就陪着二大爷，给他讲故事、说笑话，讲一些发生在子女或孙子孙女们身上的好玩的事。情绪好了，二大爷的血压也稳定了不少。

回忆起这些年来的生活，二大爷认为夫妻之间的那种体贴入微的关爱是非常重要的，这种关爱是对方能够体会到的，而这又是让夫妻关系和谐幸福的重要组成部分。

"其实，生活本就不易，也不完美。但我们每个人都应该学会在不完美的日子里用完美的心态活着，这样我们的生活才会精彩，婚姻才会幸福。"这是二大爷送给我们这些晚辈的话，值得我们好好学习，细细品味，切实践行。

我的父亲母亲

◇ 郑建灵

结婚时间：1957年

母亲：在新婚那日第一次见了父亲之后，却连夜跑回了娘家

父亲：在开启细致入微的照顾和实力宠妻的模式下，终于赢回了母亲的芳心

爱情的遗憾在于即便是再相爱的两个人，也终究无法陪伴彼此一生。

我想父亲此生是幸福的，因为他遇到了自己的至爱。虽不能相伴到老，但他余下的时光，在我们的陪伴下，在美好的怀念中通往母亲的路，多活一天开心，少走几步也开心。

父亲今年已经90岁高龄，准确地说现在就是一个"大婴儿"。由于父亲年事已高，耳聋眼花，而且子女们与他交流的机会也越来越少，有时一个月没见，他就分辨不出谁是谁了，我们不禁感叹："父亲真的是老了。"

我知道，自母亲病逝，父亲的内心一直是孤独的。母亲去世后的十几年，父亲就把对母亲的思念深埋在心底。这两年，他开始絮絮叨叨起母亲来了。而

每当他絮叨时，我就知道父亲又在想我的母亲了。

1957年，母亲是转亲嫁给父亲的。那个年代，尽管讲究婚姻自由，但是在农村还是遵守父母之命，讲究媒妁之言的。到了适婚年龄的农村女青年，大多数不能自由选择自己未来的丈夫，因为这一切都由父母们操办。于是，我家三姑为我父亲转来了我母亲，母亲为大舅转去了大妗子，大妗子的哥哥就成了我的三姑夫。那时的媒人不仅要动一番脑筋，还得三家来回跑。

母亲是19岁时嫁给父亲的。小时候听母亲说，她出嫁时，姥爷狠下心来卖了100斤地瓜干，置办了一块粉红色带菊花图案的缎子布料，给她做了一身嫁衣。另外，姥爷陪嫁给母亲的大木柜子、大木箱子，母亲坐两杠的婚轿，风风光光地出嫁了。小时候还听母亲说，当年只有姥爷见过父亲一面，直到母亲正式出嫁，六天后回姥爷家，姥爷才见了父亲第二面。

那个年代，大多数夫妻是先结婚后恋爱，父母也不例外。没有花前月下的缠绵，没有月光下的牵手漫步，更没有信誓旦旦的盟约。结婚前未曾谋面的两个人，在一个良辰吉日喜结良缘，这样就产生了一个新家。新婚之夜，母亲看到已经28岁的父亲分明不是自己心中想象的样子，说自己嫁给了一个老汉子，要不是为了大舅，母亲当夜就跑回姥爷家了。正值芳华年龄的母亲，个头虽然不高，但眉清目秀，也算得上是小鸟依人的女人，父亲见到后自然是满心欢喜。

母亲不识字，却有着超强的记忆力。母亲6岁时姥姥就去世了，自此她便独自承担起了姥爷全家人的饭菜及针线活。为此，母亲有着极好的女红手艺。母亲刚嫁给父亲时，一家人的家务活几乎由母亲承包了下来，而且裁剪还是母亲的绝技。不论男女老少，高矮胖瘦，只要在母亲面前一站，母亲打量一下，就立马能拿起尺子、剪刀做出一件合身的衣服来。母亲的这一绝活很快被街坊邻居传开了，附近的人都羡慕父亲娶了个心灵手巧、漂亮能干的媳妇。为此，母亲成了爷爷、奶奶、姑姑面前的红人，父亲更是拿母亲当宝贝一般疼爱有加。白天，父亲不辞辛苦地下地劳动，晚上回来对母亲照顾得细致入微。一对婚前从未曾谋面的青年男女从此恩恩爱爱，日子虽然清苦，却甜在心里。

母亲虽然没有什么文化，但思想却从不落后。父母结婚第二年，她就积极响应了党的号召，融入社会主义建设的队伍中去参加集体劳动，各种农活轮流干。母亲白天在工地上干活从来不偷工耍懒，她的肩上磨破过皮，手上起过血泡，脚底起过茧子。这些被父亲看在眼里，疼在心中。推车时，父亲故意抢在最前面，上坡时自己用最大的力，为的是让母亲拉车时少用点力气；装车时，男劳力应该是休息时间，父亲只要离母亲近就从来不休息，硬是把母亲手中的铁锹夺过去，自己装车。这时，旁边的人会开父亲的玩笑："又疼媳妇了！"父亲憨憨一笑："我不疼媳妇谁替我疼，说个媳妇就是用来疼的。"其他人哈哈大笑起来，妇女们也向母亲投来了羡慕的眼光。母亲的脸虽然红了，心里却是美滋滋的。

就这样，父亲与母亲在共同的劳动中加深了感情。半年后，母亲第一次怀孕，但她羞于说出口，就一直瞒着奶奶和父亲，在一次抬筐的劳动中，母亲不幸小产了，当时在工地上流了很多血。父亲知道后，第一次对母亲大发雷霆，一再责怪母亲不应该不告诉他，母亲委屈地哭了。不过，父亲的火气很快就戛然而止，当着众多人的面，他抱起母亲就往家跑……

又过了一年，一个男婴于冬季在我家诞生了，但是我这个"哥哥"压根就与我们姐妹无缘，只活了七天就夭折了，母亲每日以泪洗面。尽管父亲也很难过，但他并不表现在脸上，总是极力劝说母亲："我们还年轻，还会有孩子的。"由于物质匮乏，母亲坐月子期间没有得到良好的保养，身体一直都不好，直到1962年，大姐才出生。

大姐出生后，父母仍然与爷爷奶奶同住，直到我出生前，我们才搬进父亲辛苦盖好的三间平房里去。

那三间平房，凝聚了父亲许多的汗水。为筹备盖房子的石头，每当洪水退后，父亲总是第一个早早地来到河床，估计是凌晨三点左右，把裸露在岸上的石头堆成堆，再去浅水中四处寻找。但父亲从来没有耽误过一次上工时间。中午时分，别人在家休息，父亲则汗流浃背地往家运石头，晚上下工后再继续运。就这样坚持了三年时间，料准备得差不多了，再加上爷爷的助力，父母终于有了自己的小家。

由于父亲一生吃苦耐劳，母亲心灵手巧，我们家的日子在当时算得上是中上水平，人皆羡慕。

自我记事起，父亲从来没有发过脾气，而且我一次也没听到过父母吵架，这就是他们互爱的体现吧。什么叫风雨同舟、甘苦与共，父母给我们姐妹俩做了很好的榜样。

记得我上小学前的一个夏天，父亲上山踩到了毒草，整只右脚肿得像紫米面包，去医院时医生下了医嘱：为保生命，得马上截去半只脚。截去半只脚意味着后半生就是一个残疾人，父亲听到后极力哀求大夫。大夫们会诊后决定截去肿得最严重的那个脚趾头。父亲手术后的第三天就被生产队的人用担架抬了回来，当时医疗条件极差，没有再换过药，也没有吃消炎药，父亲的右腿被感染了，整条腿肿得紫青，一按下去就是一个大坑，为了减轻疼痛，无论是白天还是黑夜，父亲的右腿都是用布条吊在墙上。那一年，家中的重活全都压在了母亲柔弱的肩上。

早晨，天不亮，母亲就起床做饭，照顾父亲，再照顾我们，打发姐姐上学后，再嘱咐我她上坡后我应该做什么。我的任务是，看好小我三岁妹妹的同时还要负责择好、洗好中午要吃的蔬菜，再给父亲提小便时的尿罐。记得有一天，母亲让我择刚从地里拔出的萝卜苗，那萝卜苗很小，也很多，足足一大筐，由于妹妹淘气、捣乱，我择了三分之一就没再择。我将没择的萝卜苗洗好，放在盆子底下，择了的也洗好，放在没择的萝卜苗上面。母亲回家后就开始做饭，等母亲将萝卜苗倒在锅里时才发现我"作弊"了，她不但没说我，还重新用笊篱捞出来自己亲自择完后再做饭。记得那天父亲一直在问："做什么饭，怎么还没有做好？"母亲回答说："等会儿，这饭费工。"我知道是父亲饿了才问的，母亲呢，则是为了不让父亲说我才这么说的。什么叫大爱无言，这就是最好的体现吧！

父亲幼时没上过学，新中国成立后，父亲上过农民夜校，有小学二年级的文化水平，再加上奶奶遗传的基因，父亲写写画画还是有一定的水平的。那个年代，农村没有幼儿园，都是到了入学年龄直接上一年级。记得在入学前，每当下雨天，父亲总是教我们姐妹识字，大多数用地瓜干当粉笔，在地上写来写去，识字完毕后再教我们画画。我的那点画画水平就是未上学前父亲教我的。比如画梅花不能画上叶子，画上了就是画蛇添足；画荷花，叶子要宽大，而且叶边要画成波浪形状，荷花的骨朵如何画，半开的如何画，全开的如何画，再加上荷的莲蓬，外面如何画，里面如何点圈，父亲总是亲自教我们。

那个年代没有电，煤油靠供应，没有书读，几本小画册被我们翻烂了，每天晚上临睡前，不管父亲有多累，我们都会嚷嚷着让父亲讲故事。父亲总是会耐心地一遍一遍讲给我们听。《孙悟空大闹天宫》《孙悟空三借芭蕉扇》《哪吒闹海》《杨二郎赶太阳》《猎人和狐狸》，这些都是父亲讲给我们听的。正因为我们姐妹自小听着父亲讲的故事长大，在上学期间，我们的作文水平都很出色，语文老师总拿我们的作文当范文来念。其实，这都与父亲讲故事开发我们的智力与想象力有关。

父亲一遍遍讲的故事后来竟然被母亲牢记在脑海里，有时父亲白天下地干活着实太累了，母亲就来"代班"。听惯了父亲绘声绘色的故事，母亲显然没有父亲讲得那么生动、好听，不懂事的我们却非要听父亲讲，已经躺下的父亲，为了不在讲故事过程中很快入睡，只好起身，披衣，坐着给我们讲。

父亲连讲了两个故事，母亲此时就会忍不住发话："你爸太累了，让他躺下歇歇，我给你们讲一个，想听哪个？"我们众口不一，母亲便一个一个地讲。母亲讲着故事，父亲熟睡了，我们的上下眼皮也开始打架，这时母亲会给我们都盖好被子后才去睡觉。

正因为父母没有太多的文化，家中经济再拮据，父母也要让我们姐妹上学，与我同龄的，好多都是被父母劝说下来中途辍学的，男的帮着家里做半劳力，女的负责看弟弟妹妹。小妹出生后，家中的生活负担更重了，母亲总是边看小妹边做家务，有时还会带着她去地里，也不耽误我们姐妹俩一节课。父母这样的举动引起了村里好多人的不解，都说："让闺女念几年书，识几个字，认识自己的名字就行了，到时找个婆家，还不都是围着锅台转？你看你这样多累啊！"母亲没有反驳他们，只是笑着回答："拉扯孩子哪有不累的！"我现在尤其感恩父母，让我们姐妹最低也是高中文化水平，是父母的眼光高远，是父母不曾产生过让我们辍学的念头，我才考上了大学，有了今天的事业。

秋风年年横扫落叶，大雁年年成群飞上蓝天。父亲的脊背渐渐弯曲，母亲的头发似霜染。我们逐渐工作、出嫁，远离了父母。不知道父母每送走一个出嫁的女儿，内心会暗自流下多少泪水，待我们回去时依然笑容满面，忙里忙外。每次回家，她都把自己舍不得吃的鸡蛋、栗子、枣、蔬菜让我们捎回家。

母亲病了，是父亲硬拖着母亲去医院检查的，检查结果已经是肺癌晚期。幸好母亲不识字，在父亲的精心陪伴下，母亲度过了人世间的最后两个月，安详地走了。当时，为了不牵累我们，这么大的事情父亲竟然瞒着我们，直到母亲弥留之际，他才拿出那张皱巴巴的病历："知道你们的日子过得都不宽裕，不想拖累你们。再说你妹妹还上学，学费多数由你们出……"

母亲是握住父亲的手安详地走的，她闭眼的那一刻，父亲泪如雨下，接着就晕倒了。醒来后，他一直说"我无能，我无能，治不了你的病"。母亲走后，父亲五天五夜没有合眼，只吃过一顿饭——半碗面条。母亲下葬时，扎的纸人等原则上是用活公鸡的血开光的，父亲执意不用，而是拿起了一把刀子，割破了自己的手指头，鲜血流了出来。他往纸人上涂抹，却早已泣不成声："我来陪你……"

都说，年少夫妻老来伴。这句话在父母那里只应了前半句，便已阴阳两隔了。

百年修得同船渡，千年修得共枕眠，是三生的缘分才能结为夫妻。人活不过百年，当夫妻两人意见不同时，还有什么事放不下？要知道，退一步海阔天空。

人生的道路上难免经风沐雨，岁月增长的是每个人的年轮，是容颜的改变，是从青春容颜到满脸褶皱，从青丝到白头，从步履轻盈到蹒跚迈步，拐杖不离，但蕴积和沉淀的是从爱情到亲情，无法割舍的浓浓深情，是左手牵右手的相濡以沫，是不离不弃的相守相伴。

婚龄：37年

永远铭记父母的教导

◇田振辉

父亲和母亲，生在农村、长在大山里，没走出过大山，更没见过什么大世面。

为了生计，为了让子女们都能上得了学，他俩过上了相隔二三十公里的分居生活。他们的感情并没有被艰难的生活和困顿抹淡，反而在一封封的书信中变得愈加坚固和恩爱了！

父母的坚强、担当、责任、理解……最终成了后辈们最珍贵的"传家宝"！

2017年7月8日，我和我的四个兄弟姐妹，以及我们的孩子们，来到了修葺一新的祖宅：熟悉的地方、熟悉的香椿树、熟悉的街坊、熟悉的气息，一切都是记忆中温馨的味道。好久没有聚在一起了，五个兄弟姐妹熟络地聊着、热切地表达着，仿佛每个人都有说不完的话。饭桌上，大家更是聊得热火朝天：大人们说的是今昔变化、日子的美好，孩子们谈得最多的是职场、情感和未来。

酒酣耳热之际，我走出屋门，信步溜达到了院子里。看着自家院子里熟悉的一切，心中感慨万千：看看大姐，快70了，双鬓已经泛白；二哥再过两年也该退休了，我今年56岁，四弟53岁，小妹也有40多岁了。一晃，时间就悄悄地溜走了，听着孩子们的欢笑声，我们的感触颇深，不禁我们的眼眶都湿润了。

微风袭来，阵阵清香飘入，转身去寻找那味道的出处，却始终不见踪迹。走出家门、环顾四周，总觉得身边少了些什么。有邻居从家门口走过，亲热地打着招呼："都回来了""还是家好吧"。是啊，走过千山万水，踏过岁月更迭，哪儿好也不如自己的家好！家里，有兄弟姐妹、有温暖、有包容、有味道……但多少还是觉得心里有些寂寥。邻居张婶的一句话把我拽了回来："你爸妈要是活着，看着你们这一大家子该有多好啊！"

于是，我知晓了自己失落的原因：家还是原来的家，人还是原来的人。但是父亲和母亲，我们最最挚爱的亲人却再也不能和我们亲亲热热地聚在一起了。天上的他们，如若有知，看到我们兄弟姐妹五个人的这一切，肯定也会心安了。

我的母亲在她18岁那年嫁给了我的父亲。他们两个人在家里最艰难、最困苦、最坎坷的道路上，携手走过了37年后，悄无声息地先后离开了我们。对于心中这份难以平复的永远的痛，我们姐弟五人始终难以忘怀。因为，过去是父亲和母亲两个人含辛茹苦地养育我们姐弟五人，但是当我们所有人都有能力孝顺他们的时候，他们却已经不在了。树欲静而风不止，子欲养而亲不待。这份酸涩和苦楚，至今想起来还是一个难以纾解之痛。

抚今追昔，当我们缅怀父母的时刻，过去那些曾经团聚的时刻、相伴的时刻、温馨的时刻、难忘的时刻，一一浮现脑海，挥之不去：父亲和母亲的结合，是过去那种媒妁之言的老式婚姻。结婚前，只是简单地听媒人介绍了彼此的家庭情况、个人的简单情况。没见过几面，他们就结婚了，后来又相继生了我们五个。

生在农村、长在大山里的父母，一辈子没走出过大山，更没见过什么大世面。他们文化程度不高、见识有限，是那种最基层、最底端的劳动人民，但是他们留给我们的很多精神财富却让我们所有人都难以忘怀。

知识决定命运，学习改变人生。这是母亲的心声，也是父亲的心愿。结婚后，父亲一个人在距家二三十公里之外的农村供销社工作，每个月只能回家一次，母亲一个人拉扯着我们五个孩子。全家七口人要吃要喝要过日子，只能依靠父亲一个人的微薄工资，其艰难程度可想而知。为了补贴家用，母亲经常在安顿好我们几个孩子后，咯噔咯噔地踩着缝纫机为村里人做衣服赚些零用钱。那时候，做一件衣服能挣两三毛钱。听大姐讲，有时候她晚上起来上厕所，还能看见母亲在那盏煤油灯下专注地忙碌着。很多年间，家里的日子一直过得很拮据。

"你们几个都得好好上学，家里就是砸锅卖铁，我就是再苦再累都要供你们念书。"这是当年母亲经常会对我们说的一句话。20世纪五六十年代，尤其是在农村，家家户户的日子其实都差不多，我们家更是可以用"一穷二白三清四无"来形容。吃饱肚子已是奢侈，再供养几个孩子上学，境况的艰难岂是一个"难"字可以形容的？

那时，在生产队劳动中午休息期间，大家都恨不得躺在地上舒展舒展疲惫的筋骨，但是母亲根本就舍不得休息，她利用这休息时间带回了一大捆从山上砍下的柴火；每天晚上劳动结束后，母亲再背着一大捆柴火回家。这样的生活，母亲一坚持就是十几年。

再苦再累，母亲也从没有吐过半个字的委屈。母亲的倔强、要强，我们看在眼里，记在心上。大姐和二哥几乎不敢有一丝懈怠，每天放学后，抢着为家里担水、劈柴、做饭、浇地、洗衣服。那时候，母亲很少笑，我们眼里的母亲一直挂着一副严厉、不苟言笑的表情。只有在我们拿着优异的成绩单回到家时，母亲那张饱经沧桑的脸上才会露出久违的笑容。

"知识决定人生，学习改变命运，砸锅卖铁爹妈都要供你们上学念书。"在父母的这种坚定信念的支持下，我们几个在大山里出生、长大的孩子，最终都以优异的成绩回报了父母。"爸爸妈妈，我们没有辜负你们的希望：大姐当了一名人民教师，二哥到酒厂参加工作了，我毕业后去了交通部，四弟去了工厂，妹妹当上了公务员。"祭奠之日，我们姐弟五人齐刷刷地站在父母的坟地前呈送着这份答卷，这应该是父母最愿意看到的结果吧！

现在想起来，我们几个人的工作经历、学习经历，再看看大山深处同龄小伙伴的生活现状，我们都深深地为父母当初砸锅卖铁坚持让我们上学的举动感慨、折服——"知识决定人生，学习改变命运"，这句话不仅印证了父母的英明，更是我们五兄妹一辈子永远不能忘怀的。

纽带是相互承担的责任，感情是彼此牵挂的信任。用现在时髦的词语来讲，父母婚后的日子也相当于异地恋。二三十公里的距离按理说并不遥远，但是在20世纪五六十年代那会儿山里没有出租车、公交车，自行车都非常少见。每次回家，父亲都要走很长时间，运气好的话可以搭到一辆顺风车。即使是两地分居，也没能挡住父母的不离不弃和彼此信赖。在不能回家团聚的日子里，书信成了父母之间联系的纽带：母亲在信中汇报着孩子们的学习、成长和变化，父亲聊的是多注意身体、别累着，工资又涨了几块钱。没有卿卿我我，没有甜言蜜语，我的父亲母亲在相隔很远的地方，彼此惦记着孩子、挂念着对方。即使有条件为家里购买的礼物，也大多是在春节时，用副食本买上一斤蜂蜜、两斤肥肉、五斤粉条和两双过冬的靴子等一些居家过日子的必需品……

1984年，母亲患了宫颈癌，患病后期已经卧床不起了。为了照顾母亲，父亲在家的日子里几乎是昼夜陪伴。年轻时没有机会在一起，这会儿就显得弥足珍贵了。几十年的夫妻相对，千言万语在此时已无从说起，而此时言语也成了最苍白的表达。不厌其烦地喂水、喂药、换衣服、擦身子、开解，父亲所能够想到的一切，就是默默地为母亲做更多事情，以此来回馈母亲这辈子的呕心沥血、殚精竭虑的一生。

那时的父亲已经退休，找了一家晚上在菜店看门的工作。他白天照顾母亲，晚上去菜店看门补贴家用。毕竟也是60多岁的年纪了，精力、体力都大不如前，加上整天的辛劳和担忧，整个人一下子憔悴了许多。有一天，父亲过马路时由于恍惚没注意，一下子被汽车给刮倒了。所幸没什么大碍，只是门牙被磕掉了两颗，还有几处擦伤。在住院治疗期间，父亲不住地嘱咐我们："就跟你妈说单位要加班，过两天我就回家了，千万不敢再让她担惊受怕了……"老夫老妻之间的彼此牵挂和惦记，在父亲这里得到了最完美的诠释。

母亲离世前的几天，父亲和母亲两个人经常是相对无言：母亲的病已经到了晚期，存活的日子屈指可数；父亲这辈子，回家的次数也屈指可数。老了老了，在他们最应该相守相伴的时候，母亲却要撒手人寰，这份难以言语的悲伤，任何语言都是无法劝慰的。默默无语两眼泪，母亲用瘦弱的手掌擦拭着父亲脸上的泪水，强颜欢笑地说道："别担心我，我没事，啥时候都得好好活着……"一席话，说得父亲涕泪横流。母亲离世前那几天，他们两夫妇就这样手拉手一坐就是一整天。一辈子的夫妻，老了老了，就是靠彼此的那份牵挂和疼惜，静静地、默默地彼此守护着。

望着父亲和母亲凝重的表情和依依不舍的样子，我们做儿女的都落泪了。常年的两地分居不仅没有淡化彼此的情感，反倒让他们在距离的无线阻隔中，深深地惦记着对方、牵挂着彼此。

我的父亲和母亲能够给我们留下的物质财富屈指可数，但是他们带给我们的精神财富却是千金难买万金难换的，并且是我们终生难以忘却的珍贵传家宝！

小时候的物质匮乏没有让我们只懂得抱怨，因为父母传承给我们的是坚强、是面对、是责任、是分享，更是友爱和团结。现在大多数家庭都是独生子女，一个孩子所能够享受到的物质财富绰绰有余，他们已经很难体会到饿肚子的感觉了。但是在我们小时候，吃不饱穿不暖却是常态：一个人的工资，掰成八瓣都不够花，何况是一家七口人呢？尤其是当孩子年龄小不懂事也不懂得互相谦让时：今儿这个惹祸了，明天那个调皮了，每天都是吵吵闹闹的不安生。为了这个家，母亲也是操碎了心，把她惹急了，我们几个挨打受骂那是常有的事。

巴掌、棍子打在孩子的身上，却痛在母亲的心里。隆冬时节，全家人聚在母亲身边，看着母亲忧愁的脸庞，大孩子垂下了眼睑、小孩子不谙世事地望着满眼泛泪的大人："孩儿啊，往后可不敢这么淘气了，你们的父亲不在身边，我们这一家人就得相依为命。"坐在炕上，母亲就这样含着泪不住地嘱咐着我们："一个孩子不懂事，人家会说我们没家教；两个孩子打架，别人就瞧不起我们。""你们几个都大了，得早点明白事理，只有齐心合力，今后才能一起走顺道。"那个夜晚，母亲的一席话让我们几个懵懂的孩子似乎一夜间长大了，懂事了！

也就是从那时起，我们每天刻苦学习，回家后抢着帮母亲挑水、做饭、干活，很少再打架、攀比了，明白了齐心合力过日子的真谛。直到如今，我们姐弟五个人一直都是在自己的工作岗位上努力工作，在自己的家庭中踏实过日子；遇到事情，大家有商有量，再也没有红过脸、吵过嘴。大家虽然没有大富大贵，但是平安、喜乐、安稳、平和的满意和知足，一直都是我们奉行和坚守的生活准则，也成了我们五个人传授给后辈孩子们的珍贵传家宝！

秋天来了，满眼都是收获的富足和喜悦。仰望苍天，我们想念天上的父母；俯首身边，我们无愧于自己的工作和家庭；环顾周围，我们这几个从大山深处走出来的农家孩子感恩知足。我们的父母，含辛茹苦的父母，殚精竭虑的父母，为了养育他们的孩子，付出了全部的心血和汗水，他们用自己能够想到的所有为我们搭建起了一座通往光明大道的桥梁。作为他们的儿女，我们为拥有这样的父母而感到骄傲和自豪！千言万语，我们化作了内心的呐喊：

亲爱的父亲母亲，你们就是我们的指路明灯，我们五姐弟一定会紧密团结、心手相连，永远清清白白做人，踏踏实实过日子，绝不辜负你们的教诲；你们关于"知识改变命运，学习改变人生"的家训我们也会世代相传，永远铭记。我们一定不会辜负你们的期望，一定会彼此团结、互相友爱，用我们的努力和付出，让这个家变得更加辉煌灿烂！

同甘共苦对人生，相濡以沫到白头

◇ 耿潇

婚龄：50年

曾被医生宣判"死刑"的父亲，在母亲的精心照顾下，竟不可思议地康复了；

积劳成疾的母亲病倒了，毫无"作战经验"的父亲手忙脚乱地料理起了家里的一切，担起了照顾妻子及孩子的重任。

父亲和母亲之间，从没有说过一句"我爱你"，却在用行动表达着不离不弃，共同面对命运的一次次考验。

❝好好照顾你妈！"这句话，是父亲去世前留给我的唯一一句话。那一年，是2011年10月15日晚上7点50分。

父亲睡着了，安安静静的。在这之前，医生已经给家属下了三次病危通知。当亲人们接到通知从各处赶来看望父亲的时候，父亲的病情似乎稳定了不少。这天晚饭后，全家人都守候在父亲身旁，大家只是静静地看着他，间或不时地低语着。

在大家的关注中，父亲轻微地呼吸着；在大家的低语中，父亲慢慢地睡着了。正在单位值班的我被老公接到病房时，父亲还睡着。大哥和妹妹分别握住父亲的一只手，以便随时感受他的脉动。不知不觉间，父亲竟然真的就睡过去了，而我们却没有感受到一丝异常。

当值班医生用听诊器听过父亲的心跳、做完心电图时，她的那个结论一下子还不能被大家接受。他怎么可能就这么走了？明明是一幅睡着了的模样：那么踏实、那么安详……然而，事实就是这么残酷，在大家关注的目光中，父亲在睡梦中永远地离开了我们。

但是，我却没有遵照父亲的遗愿好好照顾母亲，因为就在父亲离世后的第三天，我不顾亲朋都在场的情况下，对着母亲大喊大叫了半天。或许是太久的压抑，或许是太多的恐惧，那一刻我发疯了，完全失去了理智，爆发了40多年来从未有过的疯狂。而母亲也悲伤得几乎失去了活下去的希望，她抽泣着、哽咽着："你爸爸刚走，你就这么对待我，我不活了……"

那阵子，母亲的头发全白了，整个人瘦得不成样子，两眼无光，呆呆地不说一句话。望着几乎一夜之间苍老的母亲，我不知道用什么样的话语去劝慰她，不知道怎样带她走出当下的悲伤。回头想想母亲这大半辈子，过得实在是太不容易了：从他们结婚到父亲去世这几十年，母亲几乎从来没有为她自己活过，她的大半辈子差不多都是在操劳、忙碌和拼争中度过的。

我的父亲1933年11月出生在安徽省阜南县的一个小村子里，当兵退役后服从分配留在了北京；母亲鲁桂兰出生于1939年4月，是土生土长的北京郊区人。本以为结婚后两个人会过上甜蜜幸福的日子，却没想到在父亲刚刚过了而立之年不久，就因为患有肝硬化而被医生宣判了死刑，"该吃啥就让他吃啥吧，提前准备准备（后事）"。走出医院后，母亲半天都没回过神来，医生宣判父亲死刑的话语一下子打懵了母亲："孩子还这么小，家里的顶梁柱怎么能垮了呢，我偏不信这个邪……"

擦干眼泪，母亲决定和命运搏上一把。母亲生在农村，打小就是个要强的人，什么苦活累活都干过，骨子里更是倔强得要命：凡是认准的事情，她会义无反顾地做下去。

在20世纪60年代那会儿，家家户户的日子都不富裕；父亲挣着一份死工资，母亲就靠在生产队里干活挣工分贴补家用。家里穷，医院也没有更好的救治手段；既然医生让吃点好吃的，母亲就把这话当真了。

说是吃些营养品，但是家里穷，除了治病外，几乎没有多余的钱购买营养品。为了给父亲的饮食中加些营养，母亲跟农村邻居的养羊户、养牛户订了一些羊奶、牛奶；每天早晨天不亮，母亲就过去接回有营养的鲜奶，然后看着父亲喝下去。从春天到秋天，从夏日到隆冬，母亲每天除了下地干活、照顾孩子之外，几乎把剩下的全部精力都放在了照顾父亲上。肝硬化病人，一不能干活累着，二不能生气，三需要补充营养。于是，家里家外的所有农活都是母亲一个人干的，她不忍心让父亲干一点点。一个结婚没几年的柔弱女性，愣是把自己历练成了一个铁骨铮铮的女汉子！

后来，听人说了一个水煮大蒜和花生米的偏方，吃下去对治疗肝硬化有好处，母亲就更忙碌了：忙完家务，她都会把大蒜和花生米煮得软软的，每天早、中、晚都督促着父亲吃上小半碗。

生活中，母亲承揽了家里家外的一切事务：即使有怨气也不敢对父亲撒，生了气就自己憋着，感到委屈时也只能暗自垂泪。父亲有病、孩子还小，可以依靠的只有她自己。

功夫不负有心人。经过母亲的精心照顾，父亲的生命竟然神奇般地被母亲挽救了回来。曾经被医生宣判了死刑的父亲，在后续的一系列检查中，竟然不可思议地康复了。是鲜奶的功劳、是水煮大蒜花生米的功效，还是母亲的辛劳付出感动了上天，不得而知。但是患有肝硬化晚期的父亲，真的就是硬生生地活了下来，而且是生龙活虎地活了下来。

30多岁被医生宣判死刑，到79岁父亲离世，父亲愣是在母亲无微不至的照顾下，在母亲与上天的艰难抗争中，整整多活了46年。这些情形的再现，不能不说是一个奇迹！

父亲总算是从死神手里捡回了一条命，全家人也可以轻松一些了。但老天爷又给我们家出了一道难题：积劳成疾、不堪重负的母亲患了严重的乳腺增生。在化验结果没有出来之前，一位熟识的医生私下里悄悄地跟父亲说（母亲的乳房）可能得切掉……

上天可能就是喜欢捉弄人吧，它总是在人们还没有准备好的时候，一会儿给你一个考验，一会儿给你一个惊喜，然后又把你拉入更深的沟壑……在等待化验结果和保守治疗的过程中，父亲的心一直是忐忑不安的。

母亲实在是太累了，为了这个家、为了孩子、为了父亲、为了生存、为了幸福，几乎付出了一个女人所能够做到的一切。这次生病，或许是老天爷给她一个可以喘口气、好好休息一下的时间，但是这个休息的方式却把父亲重新拉上了另外一个需要经受考验的战场。

这一回换作父亲来照顾母亲了。自从成家以来，父亲一直是在外面上班，家务活、地里的活基本没做过，照顾孩子更是没有经验，还要照顾病中的母亲……想想都一团乱麻，无从下手。但是，在考验面前，父亲还是硬着头皮上阵了。他拿出了年轻那会儿在部队当兵时的那种干劲，用了自已能够想到的所有方法，手忙脚乱地料理着家里家外的一切事情。

看着日渐消瘦的父亲，躺在病床上的母亲偷偷地落泪了：今后的日子可咋办啊？但是没过多久，传来的消息让父母松了一口气：穿刺、切片、化验的结果是良性的！喜极而泣的父母在这一刻深深地拥抱在了一起。

日子，平淡地过着；生活，水波不兴地往前走着。没有甜言蜜语，没有鲜花美酒，有的只是平常日子里的相互挂牵，细水长流中的彼此呵护，还有对儿女的呕心沥血以及双方对生活的坚定不移，对彼此性格、脾性、秉性的包容和认可。

我的父母就是中国普通家庭的平凡人，但是她们身上那些特有的勤劳、善良、敬业、担当、包容、善良的品质，还有他们从不抱怨懈怠且乐于助人、无私奉献的家风却深深地影响着我们和下一代……

在农村，母亲凭着自己的勤快和聪慧，学会了理发这门手艺。父亲退休后搬到城里住时，母亲发现身边有很多老年人日子过得很节俭，加之他们的年龄大了外出理发不方便。于是，母亲就开始义务为邻居老人们免费理发，这一个小小的举动，母亲一坚持就是30年，但她从没声张过。"都是应该干的，有啥好说的。"对于这类助人为乐的事情，母亲从来都是一语带过。作为一名农村党员，母亲身上的质朴、干练、坚强不仅影响着我们，更在她之后的经历中将这些特质发挥到了极致！

正当全家人的日子过得平安、稳定、幸福、快乐的时候，一个晴天霹雳不期而至：在2008年夏天的一次体检中，医生把母亲叫到了另外一个办公室。医生指着片子上父亲的肺部阴影结果告诉母亲：已经到晚期了……为了进一步确定医生的诊断，我拿着片子跑了北京三家有名的大医院，并找到了一位熟识且直言不讳的医生，但是最后得到的结果都是相同的：肺癌晚期，已经扩散了。

当时，我的母亲做出了一个在事后证明是特别英明、正确的决定：不手术、不化疗，坚决瞒着父亲，只是让他吃一些中药调理，即做保守治疗。

可想而知，在面临父亲患病且必须保密的情况下，母亲承受着多么大的压力：面对父亲，她必须强颜欢笑；但在背后，那可是撕心裂肺的痛啊！这时，任何的劝慰语言都是苍白的，所有的安慰方式都是无力的，我们做儿女的只能用自己可以想到的方式默默地守护着母亲、关心着父亲。在我们力所能及的范围内，尽力地支持他们。

整整三年，在父亲被医生宣布只能存活三个多月之后的整整三年时间里，母亲和我们完美地配合着，在父亲面前演绎出了一场精彩的家庭舞台剧：

2009年秋天，在全家人携手游览北京植物园的时候，陪着父母看花、观景、放松。"到点了，我该回去打麻将了。"面对眼前的美景，父亲的心还在他的麻将桌上，还在他的那些老牌友上。虽然游览时间很短，但是父亲的这种放松、专注且投入的精神状态，还是让我们感觉到选择隐瞒和保守治疗的方法奏效了。

2010年，我们特意带着父亲母亲去看了红龙果的生长过程，从开花时的斑斓璀璨到结果后的硕果累累：每一次短暂的驻足，很可能都是今后的永恒和回味！

2011年，我们订了一个KTV包房，举办了"怀旧歌曲演唱会"。第一次走进KTV的父亲母亲唱得都挺嗨，《我是一个兵》《我们走在大路上》《天仙配》等歌曲，让年迈的父亲母亲重新露出了久违的笑容。

我们还举办了一场"家庭书法大赛"。经过全家人"公平、公正"的投票选举，作为家里书法水平最高的父亲只得了一个二等奖，原因是父亲最疼爱的外孙女兼小主持人说她妈妈写得最好，大家在嘻嘻哈哈中也就顺水推舟了！

2011年10月15日晚，当父亲在睡梦中无痛长眠的那一刻，我没有哭。我们默默地送别了父亲："爸，您就安心地走吧，去了天堂，好好看着我们就行了！"

没有眼泪，也不想当着母亲的面流泪，因为父亲给了我更重要的任务。就在父亲去世，与母亲咆哮过后，我冷着脸告知母亲："我爸走了，但是每天在天上看着您呢！您哭完就完了，想想今后咋过才是最要紧的。"不想去安慰，是怕更伤心；不愿去陪伴，是希望母亲活出更真实的自己。毕竟，每个人的路都是自己走出来的，我们做儿女的，不过就是引着、带着、领着她们走上更加开阔的道路。

作为一名农村妇女，母亲没上过学，只在农村的识字班学过七天；接下来的日子，就靠我们的引领和母亲的悟性了。我自认为是一个狠心的闺女，从不会轻言细语地安慰母亲，反倒是不断地给她布置功课：

"义务理发您还得坚持啊，那些老头老太太需要您。""微信这东西您没见过，瞅瞅挺好的。""网上还能买东西呢，抽空学学。""学会全民K歌，能交到很多爱唱歌的朋友。""加入朗读者吧！"……赶上我这样没心没肺的闺女，普天之下也难找。但是，母亲的变化却是惊人的：从最开始的激烈排斥、抵触，到中间的试试看、学一学，您猜怎么着？到了最后，白发苍苍的79岁农村老太太——我的母亲——鲁大妈，现在竟然快变成北京郊区的网红了。

通过我的努力再加上鲁大妈的"天分"，现在她已经学会网购了，美团点餐也操作得很熟练；虽然在"全民K歌"中唱歌跑调，但却收获了不少网友；每天在网上参加"全民阅读"诗朗诵活动，她永远是最刻苦的那一个，而且前不久在"第五届'夏青杯'全国朗诵大赛暨第四届'放飞梦想'北京诗歌朗诵大赛"的初赛中脱颖而出；虽然她上了年纪，腿脚也不好，但一直坚持为邻居们义务理发；去年居委会还把鲁大妈评选为社区优秀党员。最关键的是：现在的母亲变得圆润了许多，过去悲伤的情绪全被潜能激发后的自我完全取代了，变得更加精神焕发了……

望着站在舞台上声音洪亮、自信满满、专注朗读的母亲，我的思绪不禁回到了过去父母同甘共苦、相扶相携、相濡以沫的生活场景中。那时，无论日子多苦多难，从来没有听见父母抱怨过，他们总能同甘共苦、共渡难关。他们彼此间没说过一句"我爱你"，也没有表达过永远的不离不弃，但是他们用自己的实际行动，无声地昭示了最美好的爱情和平凡幸福生活的真谛。

同甘共苦对人生，相濡以沫到白头。这句话虽然是父亲母亲那一辈人相亲相爱、踏实生活的真谛，但更应该是我们年轻一辈效仿、参照的榜样。

◇马爱桃

愿得一知音，白首不相离

结婚时间：1970年

她，"四类分子"的女儿，不喜针线活，一心却只想着读点圣贤书。

他，不顾被清出教师队伍回家种地的风险，坚决不退婚。

虽然在外人眼中，他和她有着天壤之别的社会地位之差，但也阻止不了两个惺惺相惜、有着共同兴趣爱好的人，在相互学习中共同进步、共同成长，最终琴瑟和鸣地演奏出一曲浪漫的交响乐。

我和我爱人步入婚姻殿堂已经48个春秋了。在这段岁月里，我们患难与共，相濡以沫，回忆走过的路，真是山一程，水一程，程程充满幸福情。风一更，雪一更，更更充满奋斗声。

我和我爱人是同村人。上小学时，他比我高一级，是我的师兄。我们两个人的学习成绩都是班级的第一名，进入初中，仍旧如此。那时，我们响应党的号召，胸怀祖国，放眼世界，为革命努力学习，只想着初中毕业升高中，高中毕业考上理想的大学。

1966年，"文化大革命"爆发，打碎了我们的大学梦。

那时，文化生活匮乏，无书可读。我喜欢读书，书就是我的精神食粮。没有书的日子怎么过呢？我感到苦闷、迷茫、无聊、彷徨，就偷偷四处借书看。母亲看我只知道看书，不喜欢做饭做针线活儿，就教育我："做女人，要头茶饭，二针线，相亲的是进了门，四下轮（看），先看锅灶后看人。你光知道看书，不做饭做针线活儿，以后怎么找婆家呢？"我对此置若罔闻，依旧我行我素。父亲则理解地说："上天既然让她到这世上来，就要给她一碗饭吃，女大自巧，狗大自咬，随她的便吧，别难为她了。"那会儿年纪小，有人来说媒提亲，我一概拒绝，因为我还是比较喜欢在书的海洋里畅游。

1969年秋天，一个亲戚对我父母说："我在学校做饭，看到一个老师也好看书学习，和咱家闺女倒是般配，你们去看看。"于是，父亲去见了那个老师，只见他文质彬彬，儒雅俊秀，父亲心里暗自喜欢且自己又和他父亲是同学，就同意了。回来和母亲商议，两个人不谋而合。我看父母都同意了，父母之命，媒妁之言，也就同意了这门亲事。

我们订婚的消息不胫而走，有的人说好："青梅竹马，两小无猜，学习都是班上的第一，真般配！"也有些深谙世事的人对我婆婆说："他婶子啊，你定的媳妇，她爹可是'四类分子'，听说还上过黄埔军校，是国民党呢，这可是个大问题，你可要小心，黏上这个亲戚，祖宗三代都难以翻身啊！赶紧退了吧，要不可是后患无穷啊！"我的婆婆是个明白人，面对多人的劝说，始终不为所动。"她爹上黄埔军校，上战场打仗，是去打日本人的。我只知道她一家都是大好人，爷爷是咱村有名的木瓦匠，她爹是咱村第一任农会主席，也是三乡五里有名的木瓦匠，她娘是咱村出了名的孝顺媳妇，这样的家庭教育出来的一定是个好孩子。再说，这闺女我也见过，聪明伶俐，学习成绩好，我看校门外的光荣榜上经常有她的名字呢。至于别人说什么，我不管。这个媳妇我要定了。"

公社教育组听到我们订婚的消息，文教助理找我爱人谈话："摆在你面前有两条路：立即和'四类分子'的女儿退婚，回到革命队伍中来；如不悔悟，立即清理出教师队伍，回生产队种地。"我爱人说："我既然和人家订了婚，怎么能随便退婚呢？君子一言，驷马难追，我坚决不退婚，不叫当民办教师就不当。"于是，他义无反顾地离开了学校。

我听到这个消息后，对他说："不要因为我耽误了你的前途，咱们退婚吧！"他却坚定地说："我坚决不退婚。多少人不当民办教师不也照样生活吗？咱们都有两只手，还怕没饭吃？"在谈恋爱的日子里，我们说《三国》，话《水浒》，谈《西游记》，论《红楼梦》，评《钢铁是怎样炼成的》，议《战争与和平》，上下五千年，纵横十万里，从四书五经到唐诗宋词，从鲁迅的《呐喊》到贺敬之的《雷锋之歌》，真是百年修得同船渡，高山流水遇知音。晚上我们两个人谈到半夜三更，然后你送我一程，我送你一程，程程含情情更浓。

我们准备结婚了，可婚房还没有。爱人一家六口人住在一孔土窑洞里。我们决定自力更生，丰衣足食，自己动手建婚房。爱人每天干活回来，就自己动手打土坯，用土坯垒成墙，在墙上抹上一层泥。下工了，自己从岭上的砖窑拉回来红砖，从十里开外的灰窑上拉回石灰，请修水利的师傅趁中午下班，在我家吃上一顿饭，加班垒成房子的前面。结构打好了，房顶怎么办呢？我们趁下工后，去河边割些荆条，自己编成荆笆，搁到檩条上。借辆架子车，抽空去火车站拉火车头上倒下来的炉渣，想办法买了些水泥，和石灰混合成浆，摊在荆笆上，约十厘米厚，打平，再抹上一层水泥，内外用石灰粉刷，公公在县印刷厂工作，弄来一些彩纸，把顶棚糊了，一间婚房就建好了。家具怎么办呢？当时没有钱买，爱人就把大门外的榆树、槐树各刨一棵，计划做桌椅和床。拉到木工厂锯开一看，中间有许多虫蛀的小窟窿，只得赶弯就斜，自己动手做了两把椅子，把爷爷奶奶留下的旧床，婆婆结婚时的旧桌子都修理了一下，买些颜料、油漆，自己动手把家具漆一遍。我父亲也给我做了楸木风门，说是楸木做的风门不会变形。他还做了一个洗脸盆架，一口大木箱，一张桌子，抬到我爱人家，一起刷油漆。很多村民听说了我们自己建新房的事，纷纷前来观看。房子太小了，没法布置。姐姐当时在医院工作，给我们弄来了几米纱布，我们将它染成桃红色，挂在床前，作为床帐子。我们充分利用了屋子里的每一寸地方，把桌椅箱子盆架都摆好。爱人用剩下的边角料，做了一个简易的小书架，挂在床里边的墙上，把我们读过的书放在上边，可随时拿下来阅读。一间喜庆的新房就装饰好了。正如刘禹锡的《陋室铭》中所说："山不在高，有仙则名。水不在深，有龙则灵。斯是陋室，唯吾德馨。"

1970年的劳动节，我们举行了简朴新颖而又热闹的婚礼。婚后我们相敬如宾，孝敬双方父母，友爱兄弟姐妹，积极参加生产劳动，业余时间尽可能在书海里徜徉，过着甜蜜而幸福的生活。

我家与爱人家相距约一公里，我家在南沟，他家在西沟。虽然我们在一个村子里，结了婚也不能整天聚在一起。我父母体弱多病，爷爷奶奶年迈，只有我一个人能挣工分分粮食。因为父亲是"四类分子"，分的粮食再少，也不能得到照顾。所以结了婚，我的户口还是在娘家，回爱人家就像是过节一般。我娘家所属生产队的土地都是岭地沟地，人们住在沟底，出门就得上坡，基本上是靠天吃饭。虽然兴修水利，挖蓄水池，引水上山，但北方总是天旱少雨，收效甚微，只有红薯耐旱，所以我家是"一年红薯半年粮，还有半年打饥荒"。爱人的生产队条件好一些，有能浇水的滩地，旱涝保丰收。公婆和爱人都非常体贴我，把孩子分得的小麦、玉米送到我娘家，算是解决了我家的吃粮问题。我整天就是与天斗，与地斗，一个月30天，天天都是三送饭四出勤。我要想回爱人家团聚，都要在晚上不加班的时候，否则就要受批评，因为我是"四类分子"的子女。我所在的地方缺水，吃水都需到一里多远的地方去挑。有时晚上加班到12点还要出去挑水。好在爱人一去我家，总是会挑来一担水，他还时常会偷看我们家米面瓮子里是否还有余粮，唯恐我作难。每隔三五个月，爱人就把我家的被褥床单拿回家洗一遍。患难夫妻，相互理解，相互关爱，这才是人世间最真挚、最深厚的爱情啊！

打倒了"四人帮"，举国欢庆。1977年恢复了高考，我和爱人激动得热泪盈眶。唉！知识分子终于又有了用武之地，我的大学梦在脑子里酝酿开来。我们这一代人，被耽误了整整十年，正是青春年少学知识的大好时光啊！我看着体弱多病的父母，怀抱着嗷嗷待哺的孩子，对天长叹："苍天啊！上大学是我从小就树立的远大理想，现在恢复高考了，我还有上大学的希望吗？"

我们两个人都在为实现自己的梦想而努力奋斗着。只要一有时间，我们就看书。在几十米高的烟囱上，我一边认真工作一边在心中默记英语单词；在热浪扑身的砖窑里，我大声背诵唐诗宋词；在寒冬腊月冰块刺骨的河水中，我一边挖河一边思索着"文景之治""光武中兴"；在夜半三更平整土地的战场上，我大声谈论都江堰、长江三峡；在繁星满天的黎明，我背着诵着辩证唯物主义；在挖蓄水池的工地上，我思考着三角几何轴对称……功夫不负有心人，我们努力学习的事迹被人们传颂，龙尾学校的校长听说了我们努力学习的事迹，知道我们两个人曾经都是学校的高才生，就聘请我们俩去学校教数学和英语。我喜极而泣，感谢苍天，感谢我的老师，感谢关心我、帮助我的所有人。啊！我们终于可以走上讲台，当个民办教师，以书为伴了。

我们努力学习文化知识，和同事探讨教学方法，向有经验的老教师学习，摸索出了一套适合农村学生学习的教学方法，我们学生的成绩也在全公社名列前茅。

1982年，我爱人考上了开封师专（现并入河南大学），毕业后被分配到巩县县直高中任教，离家有十多里路。我在家既要教学，又要种好责任田，还要种菜。吃不完的菜，我会拿一些去卖，以此来增加收入。多少次下午放学后，婆婆和我把菜装好，爱人放学后，骑自行车回来，吃过晚饭，他先骑着自行车在前边走，我拉着车在后边撵，他骑一段，停下来等我，等我赶上了他，换我骑自行车在前面走，他拉着架子车在后边赶，拉到学校已经九点多了。第二天早上五点，我把菜兑给蔬菜门市部，然后自己拉着空车返回，到家七点多，吃过饭赶紧去上课。虽然出力又流汗，同享乐来共患难，两颗心儿紧相连，夫妻恩爱苦也甜。

为了跟上现代英语教学的步伐，爱人给我买了一台"红灯"牌收音机，托一个乡亲在北京买了英语广播教材，我每天跟着收音机学习，后来又跟着电视大学学英语。公婆及兄弟姐妹都支持我，尽量不让我做家务，腾出时间来学习。我一边努力教学，一边如饥似渴地学习。我的教学成绩在全公社名列前茅，师德人品也在师生家长中得到好评。

1990年，我考上了南阳师范学院英语专业。当我拿到录取通知书时，不由得热泪盈眶。

一群学生用自行车载着我的行李，簇拥着我和爱人，把我送到火车站。火车就要开动了，我和爱人执手相看泪眼，竟无语凝噎。火车载着我向南阳飞奔。我望着窗外飞驰而过的秋色，不由得思绪万千，眼泪也像小河的流水一样，恣意地流淌着。

两年的时间很快过去了，我毕业后回到了家乡。爱人在这两年的时间里既承接了我的工作，种好责任田，照顾好父母孩子，又要接好教学，还要趁节假日参加河南省教育学院的中文函授学习。当我拿到英语专科毕业证时，他也拿到了中文本科毕业证。两个孩子也接到了大学的录取通知书。

为了教好高中英语，赶上时代的步伐，学习新的教学理念，和世界教育接轨，我又参加了教育学院的英语本科学习班，于1995年拿到了英语本科毕业证。在这几十年的时间里，我和爱人一直是并驾齐驱，你追我赶，献身于教育事业，先后都被评为中学高级教师，多次被评为市级优秀教师、辅导教师、先进工作者。

保尔·柯察金曾经说过这样一段话："人的一生应当这样度过：当回首往事的时候，他不因虚度年华而悔恨，也不因碌碌无为而羞愧；在临死的时候，他能够对自己说'我的整个生命和全部精力，都已经献给了世界上最壮丽的事业——为人类的解放而斗争'。"

一转眼，我们已经退休10年了。回忆我们走过的风风雨雨，也正如保尔·柯察金说的那样，我们的青春献给了祖国最壮丽的事业——教育。生

活在这个幸福的时代，我们更加感谢党的各项好政策，祖国新的蓝图正在实现。老骥伏枥，志在千里；烈士暮年，壮心不已。我们现在是退而不休，仍旧做着力所能及的工作，我们要活到老，学到老，干到老，为实现中国梦而继续贡献自己的力量！

回首往事，感慨万千。冯梦龙曾说："恩德相结者乃知己，腹心相照者是知心，声气相求者为知音。"我和爱人算得上是知己知心知音。感谢上苍把爱人送到我身边，感谢上苍给予我丰富的生活经历。

如果有来生，我依然会愿作鸳鸯不羡仙，依然会选择知己知心知音的他，我们仍会琴瑟和鸣，演奏出一曲浪漫的交响乐！

◇余显斌

一根白发，承载我的一切

结婚时间：1992年

丈夫：在妻子眼中那个只会读书而手无缚鸡之力的大学生，却用自己的方式回报着妻子的爱

妻子：温婉贤淑的女子却如牛一般勤恳能干，只有小学四年级的文化水平却为丈夫敲出了近千万字的作品

当丈夫看着妻子，默默无声地帮她将那根白发拔掉时，他明白这一根白发，承担了一个家庭的重量，承载着一个男人前半生的每一点成绩！而他不知道，在她内心深处，她觉得自己的付出是幸福的。

一

第一次见到你时，你像一朵蒲公英，清清淡淡的。

当时，电影还没放映，灯光中，你站在那儿，向银幕处望着。你不知道，有一个人正悄悄地朝你望着，那就是我。

那年，我19岁。

我考上大学了，这在那时的农村是一件很值得庆贺的事，庆贺的方法是家里包一场电影让各村的人

来看。

一时间，各村的男女老少纷纷赶来了，而在这些人当中，我第一眼就看见了你。

当时，我站在台阶上，你就站在台阶下。

我望了你好几眼。

由于近，我几乎能看清你长长的睫毛，在眼睑上遮出一层薄薄的阴影，一眨一眨的。我轻声问站在我旁边的婶："那女孩是谁啊？"

婶一笑，告诉了我你的住址。

我的天啊，你家离这儿有五六里路呢，也赶来了，算得上是一个电影迷了。我搬了一条凳子，拿到你面前。我一笑说："坐着看吧！"你抬头看了我一眼，脸红了，低了头连声说谢谢，显得有些手足无措。

婚后，你问我："你不认识我，咋就给我搬凳子了啊？"

我笑着说："搬一条凳子，不就认识了吗！"

你笑着说："脸皮真厚。"

二

那时，农村还是讲究媒人的。媒人就是我婶，对你家的情况很熟悉。据婶说，她去你家，一说到我，你就答应了。你和家人都认为，读书人明事理，至于矮一点儿、丑一点儿没啥，人好就行。

我们的亲事就这么定了。

临上大学前，你拿了一个包来到我家，将包给了我，自己低着头红着脸说："给你，拿去学校用吧！"我打开来一看，里面有枕套、鞋垫，都绣着花，红的绿的一片，水灵灵的。村里人见了直夸你手巧，花都能嗅着香味。

我心中很高兴，更有一种得意。

我走时，穿着一双布鞋，白白的底子黑黑的布面，是你一针一线纳的，很结实，软绵绵的，也很合脚。

那时，我们那儿很少有公交车。

你会骑自行车，我不会。于是，我上学时，你骑车送我。我坐在后面，你在前面弓着身子蹬着。上坡路时，我要下来，你忙挡住说："别下来，麻烦。"

上了坡，你一头的汗，回头一笑，一脸的得意。

我那时真傻，根本不知道你累，就安然地坐在车后，看着你歪斜着身子，一下一下地向上蹬。一直到今天，这个情景仍时时浮现在我眼前。

每当这时，我就有一种难言的愧疚，觉得自己枉读了书，根本不懂得一个女孩的心。

到城里的车站，还要翻一道高高的梁。每次到了山脚下，你停下车，然后从身上掏出20元或30元钱给我，告诉我，去学校吃好一点儿，别饿着自己。

我接过钱，答应着。

你低着头说："我走了。"

我答应一声："嗯。"

然后，你推着车子转身走了，一直走向路的拐弯处。那一刻，站在山脚下，看不见你的背影，我感到世界一下子失了许多颜色。山中有一种鸟儿在空空地叫着，叫得人肠子都快断了。我一个人在山路上慢慢地走着，不时回过头，看一下细如带子的公路。公路白白的，看不到什么人影，当

然也不会有你的影子。

每一次走到山梁处，我都要坐一会儿。因为翻过山梁，我离你就更远了。

后来，你问我每次怎么在同一个地方坐着，一坐就坐很长时间，我这才意识到，你当时并没有走，而是又偷偷地回来，躲在一棵树下悄悄地望着我。

在农村，端午节和中秋节时，婆家一般要送给女方一点钱作为平时的零花钱。那时，一般人家送的都是100元。我家里穷，每次送50元，有时只送30元。

我去你家后离开，你都会送我一套衣服。

当时在大学，我没钱置办衣服，正是你一年两套衣服，让我在学校体体面面地出现在同学们面前，不至于因为贫穷而过于自卑，抬不起头来。

可是，我一直都没问过你钱是从哪儿来的。

后来才知道，我送你的那点钱，你都提前支用了。我没来前，你就已经借了一些钱，买了布给我做成衣服。我送去钱，你拿了再还给别人。我送的钱根本就不够买一套衣服的。于是，我走后，你上山挖药材，在家搓草绳子卖了还钱给人家。有一次，你还去贩卖金银花。你说，那天回来晚了，翻一道山梁时，天已经黑了，天上只有一牙月亮，你就大声唱着歌给自己壮胆。今天，写到这里，我脑海中依然会浮现一个十八九岁的姑娘，在月光清冷的山梁上孤独地走着，颤着声唱歌。我的心就沉甸甸的，有一种说不出的难受。

可是，当时我从没问过你送我衣服的钱是怎么来的。

我的父母也从未问过。

三

四年，就这样一步一步地熬过去了，我们走到了一块儿。我父母脾气不好；我年轻时脾气也不好，动辄生气。你一个20多岁的女子，来到我家，既要应付一大家子人，还要过好日子，真的辛苦你了。

我们的房子很旧，一到下雨天，四处漏雨。

你打算推倒房子，盖砖房。当我们去拉砖时，砖厂的砖很紧俏，大家都抢着自己搬砖。你也冲进砖窑搬起砖来，而你却让我站在外面看着搬出的砖。有一个人进去，然后出来对我说："你请的那个搬砖的男子，牛一样会做啊！"

我一听红了脸，额头出了汗。

你再出来时，一脸的黑灰，一身的灰土，真的分不清男女。

我说我去搬砖，让你看着砖堆，你手一挥："你不行，书呆子。"然后，你吃了几口饭，又钻进砖窑中去。这样的活，你连续干了三天。三天后，你的手被砖磨出了一道道血痕，还有的地方是血槽子。

四间房，就是你用自己羸弱的肩支撑起来的。后来，你每每谈到那段时间的忙碌，总是那一句话："真是苦死了。"

而这种苦，我却从没感受过，这是因为你用自己的肩给我支撑了一方晴天。

我那时脾气暴，有一次和乡政府的人争了起来。当时的工资划拨乡上，于是，乡政府的人就借机报复，将我调到一个偏远的高山上任教。

为此，我很生气，睡在床上，三天懒得起床。

你将饭拿到我床前，让我吃。你一咬牙道："我陪你去。"然后，你带着几岁的儿子，陪着我一起，走在高低起伏的山路上。那时，望着你，我从内心深处感到愧疚，嫁给了我，你一直没有过上好日子，一直都在劳累、操心。

我觉得，自己真的愧为一个男人。

我发誓，我要努力，要让你过上好日子。从此，我拿起笔，开始写作。随着一篇篇文章的发表，我下了高山，进了城，也在城中买了房子。

长时间执笔写作，我已经习惯了用笔写字，一旦用键盘打字，思路就断了。你对我说："你写吧，我敲键盘给你打文章。"后来，所有听说你给我打文章的人都赞叹不已。可是，他们谁能知道，你仅仅读完小学四年级就辍学了。为了我，你硬是学会了一个高中生都没掌握的文句功底，还有生字新词。

我每天坚持写着。

你每天给我打字，校对稿子。

一个小学四年级文化水平的人，帮我敲出了近千万字的作品。随着一篇篇文章的发表，你的眼睛不再如过去那般明亮，不得不戴上眼镜。

我的每一步，是你俯下身子，用肩在卑微地支撑着，一寸寸向前移动。

等一切都好转了，我们却迈过了40岁的门槛。

那天起床，你坐在镜前梳头，突然捻着一根白发，长叹一声："我有白发了。"那一刻，看着你，我默默无声，帮你将那根白发拔掉。

那根白发，我拿在手里，感到十分沉重。因为，这一根白发，承担了一个家庭的重量，承载着一个男人前半生的每一点成绩！

遇卿才识儿女情，伴君方知郎全能

◇王岚

母亲那年梳着乌黑发亮的粗辫子，皮肤嫩得要掐出水来。她是下乡知青，16岁就离开了父母的怀抱，独自一人去了艰苦的农村。

白天，她是风风火火的生产队妇女队长；晚上，她是柔柔弱弱的邻家小姑娘。乡村的夜晚一片漆黑，不敢随意出门的她，总是窝在屋里与小猫小狗相依相伴。

一天晚上，小狗阿黄深夜还未回家。于是，她出门四下呼唤。

一个正在看书的男子闻声走出了屋子，在满天星光下看到了我母亲的窈窕身影，正倚在一棵桂花树旁似乎寻找着什么。她穿的是那个年代的宽松布衣，但也难掩她那曼妙的身材。

他循声走向了我母亲。那是一个桂花飘香的季节，桂花的阵阵清香让他有几分眩晕，一时之间分不清是桂花的幽香还是我母亲的芬芳。

"妹子，需要帮忙吗？"他抚平了心中的涟漪，轻轻问道。

母亲回过头去，四目对视的那一瞬间，时光仿佛凝固住了，顷刻间天地化为乌有。

眼前的这名年轻男子身形挺拔、器宇轩昂，他双目炯炯有神，在黑夜中熠熠发光。他说话的语气不紧不慢，透着成熟和稳重，散发着不凡的气息。

这个男子就是我父亲。父亲那年还在部队当兵，那天正好是探亲假的最后一晚。一想到明天又要背井离乡，他依依不舍辗转难眠，于是拿起了一本史书阅读，不久就听到了我母亲焦急的声音。

那一晚，在父亲的帮助下，母亲找到了阿黄。原来，阿黄不知吃了什么不洁食物，倒在了回家的路上。

父亲默默地护送着母亲和阿黄回了家，又马不停蹄地给阿黄找来了药物，等阿黄缓过劲来，这才放心离开。母亲连声道谢，父亲却连一口水都没好意思喝。

那个年代的年轻人普遍比现在的人内敛、羞涩，他们直到分开了也没询问对方的姓和名。

次日天刚蒙蒙亮，我父亲便背起行囊出发了。临别的时候，他忍不住回头望了望那棵桂花树。

而我母亲自此就盼望着重逢，但却再也没寻见父亲的人影。她常常对病愈的阿黄说："你的那个救命恩人呢？"阿黄低下头回应了几声，好像在说："哎！我也不知道啊！"

母亲尝试着向乡亲们打听，村民根据她的描述给出了几个人选，她却凭第一直觉确定了其中的那个兵哥哥必定是我父亲。

母亲从来就是干脆利落的个性，她决定提起笔给远在异地的父亲写信，以此来表达了自己的谢意和关心。

父亲打开信看了之后，突然原地一跃而起，导致身边的战友一脸错愕。父亲傻笑着来回转了几圈，好不容易才平复了心情。

他在信里得知了母亲的大概情况，知道了她是城里来的下乡知青，而他自己却生在一个生活困窘的农村家庭，且他自知自己目前一穷二白前程未卜，论年龄也比母亲大了七岁，他不停地问自己是否配得上这么清纯善良的好姑娘，不停地问自己是否该去勇敢地追求这份感情，不停地问自己能否给她一个幸福稳定的家庭。

父亲于是又从大喜变成了大忧。

父亲纠结了好些日子，终于狠下心给母亲回了信，一方面表达了对母亲来信的谢意，另一方面暗示母亲不要辜负了大好青春。

事实上，那时母亲确实是生产队里的大红人，不仅村里时时有人频繁表达爱意，在城里也有条件不错的追求者。其中有一个追求者，后来还持续暗恋了母亲好几十年。

但是母亲始终没有动过心，直到那晚遇到了父亲。

而父亲也是一个传统而隐忍的男人，他的观念是先立业再成家，等条件好了再找对象，给妻子一个坚实的臂弯。所以这些年来他也一直是一个人。虽然那晚为母亲而动心，但他还是克制了自己的情感，选择了无声地离去。

可以说，他们其实都是彼此的初恋。

母亲收到了父亲的回信，被父亲飞扬的文采和遒劲的字迹所折服。她意识到这是一个志向远大、才华横溢的厚道男人，但从字里行间也读出了他的犹豫和担忧。她没有被父亲所说的不利条件所吓倒，反而坚定了对我父亲的认可。

于是，她当天就给父亲回信，表达了自己的婚恋观——千辛万苦能克服，唯有真心不可负。

父亲被她的勇敢深深感动了，于是决定在确定退伍归期之前，先仅以笔友的身份与她书信来往，这样也可以多关心关心她。

从此，母亲生活中最大的喜悦就来自于收到父亲的信，他们在信里了解彼此的近况，含蓄地表达着对彼此的挂念。

父亲不知道，母亲已经为了他拒绝了多少追求者，甚至为了这事不惜跟我外婆闹翻。

母亲默默等了父亲一年又一年，直到父亲复员返乡。此时，母亲已到了某供销社工作。

重逢的那天，情到深处却相对无言。父亲不敢抬头直视这个各方面条件都很不错的姑娘，母亲却害羞地捧出了为他亲手编织的新毛衣。

父亲小心翼翼地接过毛衣时，双眼渐渐模糊了。他拿在手里摩挲着，一股暖流通过手指流向了心头。

五年了，眼前这个女子已经从一个青春少女出落成了一个妙龄女郎，以她的条件，什么样的男人不好找？她却一声不吭地等了自己这个无名小卒整整五年，而且没有半句怨言。试问一个女人的一生有多少个如此美好的五年?

当年见证他们相遇的阿黄也已经垂垂老矣,我父亲走过去摸了摸阿黄的头,看着它浑浊无神的眼睛,动情地说道:"谢谢这五年来有你在她身边。"阿黄也好像听懂了他的话,默默地流下了泪水。父亲抱起了阿黄,气若游丝的它对着父亲呜呜地轻叫了两声,然后又充满留恋地看了看我母亲,便在父亲的怀里安详地闭上了双眼。

很多年后,每次父亲对我讲起这个瞬间,都会喃喃自语:"我那天听懂了阿黄的话,它要我代它好好照顾你妈妈。"

父亲没有辜负阿黄的遗愿。阿黄去世后,他在心中默默立下了誓言,此生非我母亲不娶。为了让我母亲跟着他不会受苦,他决心奋力拼搏改变现状。

父亲不怕苦、不怕脏,甚至无畏职业的危险,去了外地一家国营煤矿,打算从最底层干起,一步一个脚印地打出自己的天下。

父亲没日没夜地工作,多少次在距离地面数百米的井下与死神擦肩而过,多少次轻轻一咳就吐出了黑色的痰液,多少次累得直不起腰却还坚持学习……

母亲心疼得无法呼吸,反复劝父亲放弃,可那个年代哪有现如今这么多就业机会?况且他胸怀爱情的力量和钢铁一般的意志。父亲拒绝了母亲的好意。

为了名正言顺地去时刻陪着他,与他共同面对人生的艰难困苦,母亲向父亲提出了结婚。父亲说:"不行,我现在还娶不起你。"母亲用手指轻轻地压在父亲的嘴,不允许他再有任何违抗。

外公外婆听说了我母亲的结婚计划后,当场就晕了过去。外婆这时才

恍然大悟，原来她心爱的女儿这么多年宁愿错过那么多好男人，竟然就是为了等我父亲这样的一个人。她气得嘴唇发抖，大声质问我母亲："城里那么多有舒服工作的男人你不要，你要一个随时可能下了矿井就不能活着出来的人？"

母亲拿出了父亲写给她的信件，坚定地说道："他这么有才华，这么有理想，这么有耐力，有什么不好？"外婆说："那现在呢？现在你们用什么来结婚？"

普天之下，哪个疼孩子的母亲不希望女儿嫁过去能衣食无忧？但在当时父亲都提供不了。父亲那个家徒四壁的乡下老屋还住着一大家子人，无法成为婚房。至于父亲的工作性质，更是让外婆整天担惊受怕。

外婆坚决不同意，母亲哭着向外婆道了别就头也不回地走了。她深知外婆是怕她嫁过去会受苦，但她仍然为了爱情义无反顾。

外婆在她身后追了好几里地，也无法动摇母亲的决心。

就这样，母亲和父亲在供销社的一间简陋的小屋里摆下借来的旧家具，请亲朋好友简单吃了个饭就完成了婚礼。没有房子、没有戒指、没有蜜月，他们单纯为了爱情而裸婚。

结婚时是冬天，父亲会偷偷帮母亲洗衣服，宁愿自己的手冻伤，也不让母亲受凉。

后来好几十年，父亲都是家里任劳任怨的干活主力，他虽然生在农村，却从来不对母亲耍大男子脾气，从来都是主动分担家里的所有杂活。他会在忙了一天的工作之后，赶回家变身为家庭"煮夫"，他宁愿多吸油烟的那个人是自己。

而母亲也是一个吃苦耐劳的女人，她与父亲分工协作各司其职。她主要负责家里的卫生，总会把地板拖得如同镜子一样干净明亮。是的，他们两个人都是闲不住的人。

结婚以后，父亲主动去了丈母娘家，一进门连屁股都还没坐热，就开始帮外公外婆洗这洗那。那个年代没有普及洗衣机，好女婿都是抢着手洗大件床品的大力士。

看到女婿这样勤快孝顺、踏实肯干，而且相貌堂堂、谈吐不凡，外公外婆终于接受了这个一贫如洗的女婿。后来，每次我父亲帮他们干完活，都能吃上外婆亲手煮的一大碗面条。而父亲就算吃撑得直伸脖子，也会微笑着将面条吃得一根不剩。

是金子总会发光。一年后，父亲德才兼备终获赏识，毫无背景的他凭着出色的才干与表现被选拔到了地面，成了一名矿区机关干部。

父亲万分珍惜此次机会，他更加努力地投入到工作中去，而母亲也表达了莫大的支持。为了不拖父亲的后腿，她怀胎十月基本无人照顾，就连生我的那晚都是她独自一人。

她是一个能吃苦的女人，大着肚子仍然坚守岗位，白天还在上班，晚上就突然有了反应，她来不及通知娘家人，更召不回远在外地的父亲，在床上呻吟了大半夜，疼到把一根实木床杆都抓断了，咬破了嘴唇才把我生了下来。

次日一大早，母亲就从床上爬起来，拖着虚弱的身体去发电报。父亲闻讯后激动不已，以最快的速度办理了请假手续，回到了我们母女俩身边。父亲抱着襁褓中那个几乎跟他一模一样的我，笑得合不拢嘴。父亲精心照顾了我们一段时间，就不得不再次踏上返程的列车。

父亲依依不舍地离开了，但他的心却始终系在我们身上。后来，我无意中看到了父亲当年写的很多日记，每一篇、每一段都在抒发对我们的思念和愧疚之情。他认为自己未能守护在我们身旁，未尽到一个丈夫和父亲的责任，他内心深处是多么惴惴不安。

父亲产生了调回本地的念头。但他工作能力突出，单位领导不愿放手，还有意培养和重用他。

那时，父亲办公室里有一个女同事才貌双全，自视甚高，眼光挑剔，大多数男人都入不了她的法眼，可她却十分欣赏我父亲，每次一看到我父亲眼睛就会发亮。明知道我父亲已婚已育，还常常借着切磋琴技之名接近我父亲。

对于女同事的主动示好，父亲始终无动于衷，他一直和这位美女同事保持着距离，既不影响同事之间的正常交际，也不让对方产生不必要的误会。因此，父亲做到了零绯闻、零污点，是久经考验的好丈夫。

而母亲也在单位遇到了让她哭笑不得的事。有一个刚参加工作不久的小伙子，风流倜傥，引人注目，据说还是一个官二代。不少姑娘对他有好感，但他却偏爱像我母亲这样的成熟姐姐，他发现我父亲不在我们身边之后，就经常有事没事找我母亲搭讪。然而，母亲每次看到这个同事就绕道而走。在母亲眼里，谁都比不上我父亲。

现在想来，假设当初他们两个人任何一方迷失，我父亲经受不住诱惑变了心或者我母亲放松思想防线出了轨，我们的家很可能早就散架了，我也会变成一个单亲家庭的孩子，将承受无法想象的痛苦。

幸好，父母都是对家庭有着高度责任感的人，都是爱惜婚姻、知足感恩的人。

父母婚后因为各自的工作需要，做了长达八年时间的异地夫妻。八年时间，我从一个小婴儿长成了一个小学生。父亲只能每隔一段时间来看看我们，或者只能当母亲休假时带我去找父亲。

我记得那个年代交通不便，道路常年泥泞不堪。没有直达的汽车和火车，而且每天的车次也极少，有时还不得不搭过路的货车，坐在颠簸的露天车厢里忍受着风吹雨淋。

经常来回奔波的人自然是父亲，他有时为了赶上过路车，半夜还在路上。然而，我父亲从不叫苦叫累，他每次出现都是神采奕奕的。

那个年代没有手机，我连听到父亲的声音都不容易。在上学之前，我住在外婆家。上学之后，就是母亲独自带着我，她又当妈又当爹，还要上班挣钱。现在想起来，她能兼顾工作和家庭，确实也是一个女汉子。那时，母亲为了独自撑起这个家，完全牺牲了个人的时间。她从早忙到晚，根本没空追求自己的爱好，甚至没精力好好打扮自己。

但母亲毕竟是女人，坚强的外表下也是一颗多愁善感的心。她常常望着星空，想起和父亲初次相遇的那个晚上，轻轻地唱起那首《望星空》。唱着唱着，母亲就会眼泪哗哗。

后来，亲手栽培父亲的那位领导调走了，父亲这才申请调回了本地。八年的等待和坚守，八年的付出和牺牲，终于实现了大团圆。办完调动的那一天，母亲高兴得泣不成声。

而父亲，一个从不多话的男人，用实际行动表示了他的担当。他主动提出了两个"移交"：一是移交出去，把他的所有积蓄和工资收入都交给母亲，确定了家里的财政大权由母亲来掌管；二是移交进来，他要母亲把平时照顾我的大小琐事和日常教育工作都"移交"给他，由他来做一个全能爸爸。

从此，父亲成了我的"好厨师""好老师"和"好朋友"。

他每天早上都是天不亮就起床，变着花样给我准备早餐。晚上一回家就辅导我做作业，除了陪伴我，他几乎不参与任何娱乐活动。

他还常常一发现哪里有好吃的就带着我去吃，所以我这个"资深吃货"的培养是他从小抓起的。比如，我第一次吃杭州小笼包、第一次吃龙须酥、第一次喝香蕉奶昔……有时候父亲的朋友请他吃饭谈公事，他也会带着我过去，说让我解解馋。他如果去外地出差，也一定会给我带回来当地的特产小吃。

这时的母亲获得了大解放。她不用再天天围着我打转，每天早上都能多赖会儿床。母亲自己也没想到，父亲原来真的是一个全能型老公，买得了住房、上得了厅堂、下得了厨房，还进得了书房。

家里遇到什么难事，冲锋陷阵的永远是父亲。

不仅在母亲生病住院的时候，父亲日夜陪护细心照顾。就连外公外婆住院的时候，父亲也会像儿子一样去陪床，而且他会让母亲多休息，他来顶替母亲值夜班。

在父亲的陪伴和教育之下，我渐渐地长大了，并顺利地考上了大学。

女大不中留。大学毕业的我，宁愿去远方受罪，也不愿待在家里享福。于是，父亲和母亲便过起了"二人世界"。

父亲还是像从前一样，包揽了家里的一日三餐，并没有因为我不在家就提出"转岗"。每次母亲有朋友来家里吃饭，看见父亲系着围裙在厨房里忙，都会夸我母亲好福气。

父亲一生节俭且囊中"羞涩"（工资和奖金一律上交给母亲），不仅从不给自己置办行头，还不允许母亲给他买衣服。每次一买总被他说一通，但转眼他一穿上就舍不得脱下。但是母亲想给自己买啥用啥，父亲都由着她，从不束缚她。

通常很多家庭都是男人出去应酬、女人在家守候。我们家恰恰相反。爱好交际的母亲常常在外面玩，逛街、打麻将甚至旅游，而我父亲则是那个做好了饭在家默默等待的角色。

母亲在家里常年就像女王一样巡视领地，要么挑剔我父亲炒菜盐放多了，要么说他没有把他的责任田——厨房收拾好。其实有时我觉得父亲已经做得很好了，可母亲还是会"找碴"，美其名曰："为了帮助你爸爸进步。"对此，我父亲却从不闹罢工，继续为他心目中的女王服务。

电影《叶问3》有一句经典台词深入人心："这个世界上没有怕老婆的男人，只有尊重老婆的男人。"

真正的男人，就会像父亲对待母亲那样，心疼她当年不顾一切地追随，心疼她任劳任怨一心为家，心疼她为了生孩子独闯鬼门关。

真正的男人，就会像父亲对母亲那样，可以为了她弱水三千只取一瓢，可以把自己的全部身家都给她，可以忍受她的啰唆和唠叨。

真正的男人，就会像父亲对母亲那样，任何时候绝不视爱情如儿戏，只要牵手了就是一辈子。

每个为爱奋不顾身、为家全力以赴的女人，都值得拥有一个好男人。

祝愿普天之下的少年夫妻老来伴，都能风雨同渡、阳光共沐，幸福快乐到永远。

婚姻的另外一个名字是『付出、责任和理解』

◇郭维新

结婚时间：1980年

父亲：老实厚道的军人子弟、独生子

母亲：勤劳朴实的家中老大

父亲和母亲的这一辈子，虽然没有那么多的浪漫故事，没有那么多的风花雪月，有的只是朴素，有的只是简单。当看着对方的时候，他们更多的感受是踏实。在有困难的时候，他们一起去面对、承担。因为他们一直坚信："人，生来就为了生活，为了儿女，为了这个家努力着。"这也是他们最简单的对于幸福的理解。

有一次，一家人围坐在一起包饺子。无意中，娘闲聊起隔壁邻居家的事儿来，便感慨道："哎，现在的年轻人呀，真不知道咋想的，放着好好的日子不过，非要闹什么离婚，两个孩子可咋办呀，没爹疼没娘管的，可怜了！"只见她一边摇着头，一边娴熟地捏了一个又一个饺子，"想想我们那个年代，要啥没啥，也没见着有那么多离婚的。"

一直以来，我觉得爹娘的感情还是挺好的，虽然平时偶尔也有争吵，这一晃也快步入红宝石婚了。

"妈，那您和我们说说当初您是怎么和我爸好上的呗！"在一旁捏饺子的媳妇突然停下了手里的活，好奇地问道。因为媳妇是南方人，所以习惯了喊"爸妈"。娘被她这一问，突然愣住了，还停留在刚才那个话题上的她一时间竟然不知道如何作答，在她那黑黝黝的皮肤下，我俨然看到了一丝少女般的羞涩。

娘转过身去，拿了一截面团，若有所思地在那儿揉着！"娘，你就说说呗！我也想听听。"我在一旁附和着，"说实话，长那么大，我也不知道你和我爹的爱情故事呢！再说，让你儿媳妇也好好学习学习。"

"当时，我们家人口多。"娘赶紧补充了一句，"我说的是你姥姥家。""我知道，我爹是独子，他们家也没那么多人！"我打趣道。娘没理会我那茬，继续说道："所以，我们家要在大队挣够一定的工分，才能领到粮票，拿到维持一家人生计的基本生活费。""那您是在裁缝铺当学徒的时候，认识的爸爸吗？"看来，媳妇对爹娘的故事还挺感兴趣的。"嗯！"娘一边娴熟地擀着饺子皮，一边说道："那会儿，你爸爸在皮毛厂做仓库管理员！当时我们上班的地方刚好就在一个大院里。抬头不见低头见，总会有打照面的时候！"

"还是让我先来给你介绍一下爹娘的背景资料吧，这样故事听起来才会更完整！"逻辑思维一项严谨的我自告奋勇地介绍了起来，"爹和娘是同村人，但是两家人一个在村的东边一个在村的西边。娘在家中排行老大，她有三个弟弟，一个妹妹。姥爷是个木匠，因为有着一门好手艺，做事也认真细致，乡里乡亲的谁家有点活都会来找他干！随着弟弟妹妹们相继降生，家里仅靠姥爷一人养活一大家子，在那个物质贫乏的年代，确实不易。娘还是比较幸运的，姥爷让她念完了初中。但为了缓解家里的压力，娘就没再继续读下去，而是去了大队里办的裁缝铺当起了学徒工。爷爷家的情况呢是这样的：爷爷的父亲去世得早，那时家里穷，快生活不下去了，听说当兵可以有银圆分，爷爷就去了，把分来的银圆给了爷爷的妈妈和弟弟。后来，在解放太原时，爷爷身负重伤，被一个老乡从死人堆里背了出来。出院后，爷爷就被评定为"二级残废军人"。退伍回乡的他便在媒人的介绍下，和奶奶结了婚，生了咱爹还有另外几个孩子。因为当时的医疗条件不好，再加上奶奶也不太会照顾孩子，所以就只养活了爹一个，爹算是家里的独苗，高中毕业后去了大同当了一段时间的工人，后来赶上知青返乡，城市里把原本是农村的人遣回去了，爹就是被遣人员之一。因为当时爷爷在村里也有一定的威望，就把爹安排在了皮毛厂里，做起了仓库管理员。"

"那你和爸爸是自由恋爱吗？"媳妇迫不及待地问道。

"你别老打岔，让娘自己慢慢说呗！瞧你那猴急的样儿，搞得比你谈恋爱还着急！"

媳妇狠狠地瞪了我一眼，但这好像并没有破坏她继续听故事的心情。娘被我俩逗得笑了笑道："那个年代和现在不同，怎么可能自己私下谈恋爱呢？如果那样的话，是会被村里人说三道四的。如果你想要谈恋爱，也得由媒人说过媒，双方家长同意后才能正式开始谈恋爱！""那你们那会儿是相互有好感了是吗？""可以那么说吧，但当时我俩都没敢表露出来！"

"嘿嘿，我可知道，爹当年为了你可是拒绝了官二代千金呢！"我忙补充道。"啊？是吗？还有这回事儿呢？"媳妇回头看着我。"嗯，年轻时，咱爹可是个美男子呢！现在看来，爹当时的家境还是不错的：军人子弟，光荣；独生子，没有妯娌之间的矛盾。据我所知，当时追爹的姑娘可不少呢！还有一个是大队书记家的千金，看上了咱爹，就叫人来说亲，爹愣是没同意！敢情那会儿咱爹已经心有所属了呀！"

娘又略带羞涩地说道："那我就不知道了！不过后来没过多久，你爷爷就领着你爹上我家来说亲了！我俩那时还小，都不懂事儿，都是大人们把婚事、彩礼等的事宜定下来了！然后，我俩就光明正大地开始约会了！"

"那会儿，他们给了您多少礼金？"我和媳妇异口同声地问道，诧异于两人在这个问题上如此心有灵犀！"好像是400块钱加一辆自行车吧！"娘想了想说！

"400块！天呐！这在当时应该算是不菲的彩礼了吧？！"

"嗯！如果按现在的物价来折算的话，我爹当年娶您也确实是花了大价钱呢！"精于算数的我开始嘀嘀咕咕地盘算起来，"相当于现在的十几万外加一辆轿车呢！"

娘不好意思地说道："礼金的事儿都是大人们商量的，其实我觉得只要这个男人好，对我好，不给礼金我也会跟他一辈子的！但我也理解我的父母，毕竟那会儿，女儿嫁出去，少了个劳力，家里孩子又多，多少还是希望能补贴点给家里的！"

"后来，你们就结婚了吗？爸爸以前也是很节俭的吗？对你抠吗？"一连串的问题从媳妇那没把门的嘴里跑了出来！

所幸，娘脾气好，她笑着说："没有，离爹娘定的结婚日子还有一段时间。确实，你爹天生就很节俭，自己舍不得吃，舍不得穿。但是他对我还是很好、很大方的。我记得有一次邻村有个大集，他带着我去，一个劲儿地问我，要不要买这个，要不要买那个！但凡我喜欢，他就想给我买！可是那会儿我也想着能节俭点儿就节俭点儿，毕竟以后是要过日子的，花钱的地方多了去了，还是省着点吧！虽然当时我确实也看上了一件衣服，喜欢得不得了，但还是没好意思开口！结果，我俩就在那儿简单地吃了一顿饭，逛了一圈就回去了。其实，我觉得现在的很多姑娘还没跟男方怎么样呢，就和男方要这要那，这样的感情是不纯粹的，到头来，多少还是会伤感情的。"

"那你们那会儿结婚是什么样子的？"

"那会儿其实很简单，你爹家雇了一辆马车到我家去，我收拾了点自己的东西，便坐上马车，还有我的一个哥哥算是我送亲的娘家人陪着我过来。"

"您的哥哥？您不是只有弟弟妹妹吗？"

"其实，那个人是我爹的徒弟，我一直当他是自己的哥哥。到你爹家后，也是宴请了亲朋好友。别的习俗，如三天后回门什么的，也就和现在的一样。"

"结婚那年，我就怀了你，那时候害喜害得厉害，闻不了一点油烟味，胃口也不好，吃啥吐啥，每天就只能喝一点小米粥。虽然这样，多亏了你爹那段时间的精心照顾，让我焦躁的心情多少得到了些许缓解。那会儿的女人和现在不一样，生完孩子，都没好好坐月子，每天大队的活还得继续干，趁着中午吃饭的空档赶紧回去奶孩子！那时候，我的奶水也不好，再加上还要兼顾着各种活计，没照顾好你，你也老生病！后来，大队里的厂相继倒闭了，我和你爹也就没再去厂里干活了。恰逢赶上国家在农村大搞家庭联产承包责任制，你爷爷之前管着大队的果园，后来就想着将那一大片果园承包下来单干！正苦于家里人口少，管不了那么多的地，刚好有人想借着爷爷的光，揽点果园的活，就主动和爷爷建议三家一起把那片果园包下来干！爷爷一听，便欣然同意了。前几年，果园在大家的齐心协力下，有了不错的收成，每年三家大概平均可以有一两千块钱的收入，这在当时的村里算得上是有钱人家了！和他人合伙，矛盾肯定是有的。但是刚开始大家都没怎么计较，表面上也都相安无事。随着时间的推移，矛盾越积越多，包括谁家的活干多干少了，谁家的亲戚老是来果园白拿水果，谁在用料上偷工减料，等等。最后，随着争吵的加剧及泉眼的水渐渐干涸，果园的收成一年不如一年，在一次大吵之后，那两户人家就决定退出承包果园了。自然条件的恶化，果树死的死，坏的坏，咱们家后来虽然加大了投入，却把之前赚的钱全赔了进去。后来，我和你爹一合计也干脆不干了！"

"那你和我爸会吵架或打架吗？"媳妇又认真地问道。

"上嘴唇哪有不碰下嘴唇的道理，夫妻俩同住一个屋檐下，也一样会有意见不合的时候，但是你爹一般也就嘴上说说我，他对我其实挺好的。记得有一次，我们俩吵架，我就抓他、挠他，给他惹急眼了，实在生气又舍不得打我，他就拿了个小板凳，把我按在床上，然后用小板凳卡着我的腰，自己坐在小板凳上抓着我的双手，那会儿的我瘦，板凳一卡就卡住了，害得我动弹不得。后来，他和我把问题解释清楚了，还'逼'我说不再打他了，他才肯放开我。这一切都被你奶奶看在了眼里，因为奶奶就这么一个宝贝儿子，肯定有什么事儿都会先护着自己的儿子，还说我不好，不应该打自己的老公。你爹就对奶奶说我俩闹着玩呢，让她少掺和我俩的事儿。奶奶看你爹这么护着我，也只好嘟囔了两句，就此作罢！说真的，有个男人，能时时向着你，这就是一种幸福。即使是跟这个男人过苦日子，也是甜蜜的。"这时，娘发自内心地笑了！

"干了几年果园，最后还是亏的，但家里还要供两个孩子上学，你爹不得不去离家四五十公里外的煤矿地里去打工。那时真的是苦死了！家里的重担全都压在我一个人身上。"娘露出了一脸的心酸，仿佛当时的苦全又涌现在了眼前。我知道其实那时的她确实承受了很多，家里的十几亩地全是娘一个人打理的。虽然爷爷定期会领到一笔抚恤金，但重伤回来后的他身体一直不好，那些钱也就够看医生、吃药的。奶奶个子不大，力气小，自打嫁给爷爷之后就一直在家里待着，做点家务，很少去地里干活。现在爹又长期不在家，娘就只好起早贪黑地忙碌着，她扛起了这个家。

"其实，你爹在矿上干活，我每天也很担心，但是没办法。日子得过，得赚钱啊。我每次都会叮嘱他说，咱们就只在矿上干活，别下井，虽然下井挣的钱多，却危险得很。你爹他一个人在那边舍不得吃、舍不得穿，留了一点吃饭的钱，就会把剩下的工资都交给我来保管。为了多挣点儿钱，他三四个月才会回来一趟，因为少干一天就少挣一天的钱。有时候他回来，看着他那瘦得像排骨似的身子，我都会背地里抹泪。他回来的那一两天我也会变着法儿地给他弄点好吃的，想让他好好歇一歇。但他却每次都帮我忙活这儿忙活那儿。他说，家里的活儿也多，心疼我，他多干点，我就可以少干一点。虽然那时的日子过得艰难，两个人一起努力干，也就没那么累了！"

这时，我的眼里泛起了泪花，确实那段时间是家里最困难的时候，很多事情娘都没有和我们细说，但我心里却一清二楚。弟弟初中毕业以后就跟着他的几个好兄弟在世面上混，那时候村里的混混很多。弟弟年轻气盛，血气方刚，对兄弟很讲义气，但凡兄弟受点委屈，他绝对是冲在前面出头的人。那段时间，爹娘经常找不到他人，有时候他回来了也是带着一身伤回家，爹娘终日为他担惊受怕：一是怕他受伤，二是怕他学坏。思虑再三，爹娘决定咬咬牙也要送他去别的城市继续读书，现在想来，爹娘当时的决定是多么明智啊！

很快，弟弟便大专毕业了，却面临着就业的问题。弟弟本来就对所学专业不感兴趣，再加上那个专业的从业岗位对人员的学历要求也高，所以一毕业的弟弟就处于待业状态中。爹娘想着这样下去也不是个办法，便东拼西借地凑了2万块钱，托了各种关系，想让弟弟去部队当兵。结果钱花掉了，事儿却没成。娘一想到家里已然没什么积蓄，还负债累累，家里的房子也不成样子，俩儿子还得娶媳妇……急火攻心的她，一下子就中风了！爹赶紧把娘送到村卫生院。因为送去及时，再加上医生的针灸治疗和爹的慢慢开导，娘的病才慢慢好了起来。其实，那段时间也把爹急坏了，整日的牙疼折磨得他睡不着觉，但是为了这个家他又得坚强地面对着这一切，谁叫他是家里的顶梁柱呢！

后来，我也毕业了，找到了一份不错的工作，收入也还可以。弟弟也找到了一份自己喜欢的工作。家里的经济状况，这才慢慢地好了起来。

"哎，我曾经有段时间真的很后悔，他俩一直没找到媳妇，给我愁坏了，当初干吗非得让他们兄弟俩读书呢，不然他俩早就结婚生子了。看着村里的亲戚朋友家的孩子一个个都娶妻生子了，真担心他俩一辈子就打光棍了呢！"娘开玩笑地对我媳妇说道，"当娘的就是会替儿女操一辈子的心。"

"娘，你看你说的，要不是那样，我怎么能找到这么好的媳妇呢！"

我忙接茬道，看着媳妇得意地笑了，我觉得自己的马屁拍对了。

"妈，那这么多年来，您觉得嫁给我爸这一辈子，您幸福吗？"媳妇好奇地问道。

"什么是幸福？每个人的定义是不一样的。我和你爹这一辈子，确实没有那么多的浪漫故事，没有那么多的风花雪月，有的只是朴素，有的只是简单。虽然我们一辈子没什么太大的出息，也没有赚过什么大钱，但是当我们看着对方的时候，就会感到踏实，在有困难的时候，我们一起来面对、承担。人嘛，生来就为了生活，为了儿女，为了这个家努力着。"

是呀，爹娘的爱情确实不是轰轰烈烈的，但却是细水长流的。他们的婚姻里，更多的是付出、责任和理解：为家努力付出，为爱承担责任，为情相互理解。他们的幸福里，少了很多附加的累赘，多了一些纯粹的简单。我想，这便是爹娘能白首偕老的真谛吧！

幸福是你我的相扶相持

◇毛美娇

结婚时间：1983年

丈夫：懂得心疼妻子却又曾"误入歧途"，最终知错就改，慢慢成长为真正的男人

妻子：勤劳能干、聪明睿智的农村女人原本想嫁到县城而不用再围着那一亩三分地转，却最终还是嫁给了同村的男人

命运的安排，本就很是传奇。婚姻之路虽然经历了困难、挫折，但他们用最真挚的感情和不离不弃的心，相扶相持走出了幸福的样子。

2017年10月1日，我回到了老家，这是我最后一次以单身的身份回来了！没有让男朋友陪着回来，或许是想再一次轻松地感受一把一个人的自在，又或是虽然已经和男朋友到了谈婚论嫁的时候，一种莫名的感觉涌上了心头，面对未来的婚姻之路我感到很茫然，说得更准确一点，是有些不知所措、焦虑，不知道应该如何去处理、解决未来婚姻中可能会出现的各种问题，或许这就是大家常说的恐婚心理吧！

知道我回来了，大姨特地过来看我。自小大姨就

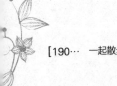

最疼我，只要我去她家，她总能给我变出各种各样好吃的东西，有些好吃的甚至是我的两个表姐都没有口福吃到的呢！所以，从小便贪吃的我总喜欢往大姨家跑。长大了以后，虽然我远在他乡工作，但每次回家我都喜欢到大姨家去住几天或让大姨来我家住几天。在妈妈的众多兄弟姐妹当中，我和大姨的关系最好，虽然我俩的年纪差了36岁。

　　闲聊之余，大姨似乎看出了我有心事，就问我怎么了！纠结了半天，我还是不知道如何开口。大姨说："马上就是要当新娘子的人了，怎么还有不开心的事情呢？"我叹了口气说道："大姨，我就是在纠结到底自己现在适不适合结婚，因为我感觉自己还没有准备好，我可能还不能当一个好妻子，万一我俩之间出点什么问题该怎么办，我也不确定自己能不能处理好婆媳关系……"一连串的问题从我的嘴里说了出来，让大姨感到有点意外，她先是一愣，随后摸着我的头，微微一笑道："那你有没有把自己的这些想法好好地跟你男朋友谈一谈呢？"我摇了摇头。大姨说："嗯，没关系的，每个人都会有经历这样的想法的时候，只是有些人的症状比较轻，有些人的症状比较重而已。其实大姨觉得你是一个很不错的孩子，你可以处理好这些事情的，因为大姨了解你，你善良、谦逊、懂礼貌，还懂得尊重别人，也很喜欢为他人考虑，其实这些在婚姻里都是很重要的。你有空还是要和你男朋友好好聊一聊，婚姻是你们两个人的，以后的问题也是要你们俩一起去面对和承担的。"我似懂非懂地点了点头。

　　"大姨，您能和我说说您和大姨父吗？你俩都结婚三十多年了，一直以来，我好像很少看到你和大姨父红过脸，吵过架，你们俩是怎么做到如此恩爱的呀，我听一听，也顺便跟您取取经。"

　　我很喜欢跟我大姨聊天，虽然她只有小学学历，虽她只是一个普普通通的农民，但是在我心底，她却是一个勤劳能干、聪明睿智的女人：她把家打理得井井有条，把丈夫和孩子照顾得很好。现在的大姨家盖起了三间四层楼高的小别墅，夫妻恩爱，两个表姐也很有出息，大表姐是大学的老师，小表姐喜欢自由，大学毕业以后就开始经商，当起了小老板，生意做得也是非常不错。

大姨想了想，便跟我讲起了她和我大姨父的故事来。

大姨和大姨父是同村人，按族谱辈分来说，大姨父还要管大姨叫远房姑姑呢！大姨和大姨父的妹妹是小学同学，又是好朋友，她俩经常会在一起玩，所以大姨和大姨父也算是从小就认识，但那时的他们却不知道长大后的命运会联系在一起，只当是哥哥和妹妹的关系。

都说，女大十八变。时光荏苒，到了适婚年龄的大姨早已褪去了那一身的青涩和稚嫩，出落得亭亭玉立了。上门来给大姨说亲的人也陆陆续续多了起来！当初，大姨想嫁到县城去，因为她不想这一辈子就围着那一亩三分地转，而外公外婆却希望闺女能守在自己身边，毕竟外公只有大姨和我妈这两个宝贝女儿。

以前就曾听大姨提起过，邻村有一个帅气的小伙子看上了她，便托媒人来提亲。她对这个小伙子也挺有好感：要个头有个头，要相貌有相貌，脑子还很灵光。可是，当时舅舅们觉得他家太穷了，愣是不同意。结果，在家人的搅和下，两个人的事儿也就此黄了。后来听说这个小伙子是大姨当初的众多追求者中混得最好的一个，当大老板了！我曾问过大姨："后悔吗？"大姨淡然一笑，道："这可能就是命中注定吧！你姨父虽然没有大富大贵，但对我还是不错的。"

没过多久，大姨父家就托人来说媒了，外公外婆觉得不错，大家都是同个村的，两家离的又近，双方家庭的情况都知根知底，便应了这门亲事。

那时，大姨父家凑了400来块钱当作彩礼给了外婆。外婆心疼闺女，就原封不动地将这笔钱当着未来女婿的面儿还给了大姨，然后意味深长地对他俩说："以后你们两个人就组成了一个小家庭，凡事要相互体谅，相互包容！妈也不能给你什么贵重的嫁妆，以后的日子还得靠你们俩自己去努力……"大姨说，那一天外婆说了很多嘱咐的话，还偷偷抹了好几次眼泪！

在大年三十那天晚上，大姨就带着外婆亲手做的一床棉被，这也是外婆给她的唯一的一件嫁妆，没有吹吹打打，没有张灯结彩，没有婚礼仪式，在两根红蜡烛的见证下，一个简单得不能再简单的婚礼就这样结束了。

大姨和大姨父刚结婚那会儿还是和她的公公婆婆、小姑子、小叔子们住在一起。因为那会儿大姨父家就只有二十几平方米的房子，而大姨父又是家里最大的孩子，也是最早成家的孩子，所以他们暂时只能和父母及兄弟姐妹住一起。后来，大姨父家才在别的地方又起盖了三间用石灰泥土砌的平房。

大姨的婆婆是个精明能干、打得一手好算盘的人，而且她天生就对数字极其敏感。大姨说，那时村里需要算点啥都会叫上她婆婆，只要给报几个数，无论加减乘除，她婆婆立马就能给你一个正确答案。婆婆的这种精明和精打细算是深入骨髓的。那时家里孩子多，孩子们赚回来的钱都要统一交到婆婆手里，然后再由婆婆来分配家里面的开销。大姨知道要孝敬婆婆，但是婆婆对大姨却一直是不冷不热的。就这样，他们在一个屋檐底下生活了将近半年时间。

为了多赚点钱，大姨父带着大姨去了外地打工。很快，大姨就怀孕了，但是大姨自己根本就不知道，因为据她所说，她没有一点妊娠反应，那些孕吐、吃不下饭、特别想吃某一样东西等状况似乎跟她完全没关系。每天她还是照常吃饭、睡觉、跟着大姨父干活。直到两三个月没来月事，她才隐约觉得不对劲，看着渐渐好起来的胃口和慢慢隆起的小腹，她才知道自己怀孕了！那时候的人怀孕也都不太当回事儿，该干吗干吗！直到怀孕八个月刚好赶上过年，大姨父才带着大姨回了村里。

虽然在外面打了较长一段时间的工，但是挣回来的钱还是相当有限的，除了日常在外的开销，给家里买了一些回乡货外，也就没剩下多少钱可以交给大姨的婆婆了！大姨的婆婆明显有些不太高兴。

没过多久，大姨就生了一个女儿。那会儿，农村的老人们绝大部分都有着严重的重男轻女思想，大姨的婆婆也不例外。原本就不喜欢大姨的婆婆，在得知大姨生了个女儿后，更是没有给大姨好脸，月子餐也是连一点油水都没有。因为营养不够，大姨的奶水变得越发不好，孩子每天饿得哇哇直哭，身体也不好，三天两头闹毛病。后来，大姨父实在看不下去了，就提出来要分家。第二天，婆婆就和大姨大姨父草草地分了家，给了他们单独一间家徒四壁的房子。

分家后，虽然刚开始小日子过得有点紧巴，但是大姨父为了能让大姨能吃上有油水的东西，每天拼了命地干活。

终于在两个人的共同努力下，大姨家的日子过得越来越好了。大姨父每天都会惦记着给大姨买点肉回去补身子。那时村里有几个人买了拖拉机跑运输，生意还不错。大姨父又比较喜欢开车，便和大姨一合计，也买了一辆，跑起了拉车的活计。

　　幸福的日子过了一年又一年。当大家的口袋变得越来越鼓，每个人都有些钱的时候，村里兴起了赌博，而且赌得越来越凶。平时，大姨父就喜欢和几个朋友小玩一下。后来，他也被整个村的大环境带得开始迷恋上了赌博。以前，大姨父只要赚了钱就会给大姨存起来，后来发展到左手刚把工资拿到手，右手就给输了出去。原本和睦幸福的家不见了，大姨和大姨父为此没少吵架。大姨觉得白天辛辛苦苦赚来的钱，一晚上就输光了，有时候还要欠别人不少钱，感觉亏得慌。而大姨父觉得白天已经辛苦了一天了，晚上消遣一下也是应该的，再说他的初衷也是希望自己能赢钱，让大姨过上更好的日子，奈何有时候就是手气不佳。

　　大姨父晚上回家的时间变得越来越迟了。有一次，大姨越想越生气，就直接把门给锁了，自己一个人回屋睡觉去了。大姨父半夜回来，本来那天输了钱就已经不高兴了，再加上怎么喊大姨，她都不给开门，一生气，他直接把门踹出了一个洞，伸进手去，这才把门开开了。那个有洞的门过了好多年，就愣是没换过，大姨曾开玩笑说，"那是你大姨父当年赌博恼羞成怒的证据！"

　　有时候，大姨父白天不用出车，为了不让他去赌博，大姨就把小女儿甩给他来带，自己则跑到地里干活去了。谁知，等大姨回来，发现大姨父和小女儿都不在家。大姨便径直去了赌博的"据点"。果真，她在那儿发现了大姨父的身影，正赌得热火朝天呢！而小女儿呢，坐在一旁的地上，手里拿了一块棒棒糖，自己乖乖地玩着石子呢！大姨当时就抱起小女儿，哭着跑回了家。

　　其实，大姨父那段时间赌得凶的时候，确实输了不少钱，大姨苦口婆心地劝过、去大姨父的牌桌上掀过桌子、抱着孩子在旁边故意陪到深夜……只要有能让大姨父回头的法子，她都试了，吵也吵了，闹也闹了，可是那会儿的大姨父像着了魔似的，根本就不听劝，对大姨的所作所为无动于衷。大姨说，实在是没办法了，那段时间她的想法就是既然你不想好好过日子，那么我们就一起在赌桌上过日子好了。

就在大姨绝望的时候，家里突然发生了一场意外。那时，大姨父接到一个活是到县城的一个工地里运沙子，同村及邻村有不少人也在那里打工。姨父一直以来就是个热心肠，他觉得反正在一个地方上班，上下班的时候就捎上他们，让他们坐后拖斗上，也就省得他们坐公交车或骑摩托车了。大家纷纷称赞起了姨父的义举。

然而，突然有一天，意外发生了。就在大姨父带大家下班回来的路上，一位六十来岁的大娘没抓牢后拖斗的围栏，还直接站了起来，一个趔趄掉下车去。在场的人都傻眼了，姨父也慌了，大家赶紧把大娘送到了医院。可惜的是，因为摔到了要害位置，最终大娘也没抢救过来。面对大娘家人的不依不饶，姨父很自责，也很后怕，他不知道该怎么办。后来大娘的家人说："人没了，是你害的，你得赔偿。这是我们临时起的一个调解意见，你给签了吧，上面写着赔我们15万元，到时候咱们再私下商量可以少赔一点，如此我们就不追究你的责任了！要是不签，我一定告到你坐牢为止。"看着对方的一群人都看着大姨父，大姨父害怕了，虽然这是一个意外，但毕竟是一条人命。他想都没多想，就慌慌张张地签了那张"调解书"，其实当时他整个人都是懵的。后来，交警来了，看双方都和解完了，问了些问题就走了。

结果，大娘的家人就天天拿着那张"调解书"来大姨家里要钱。而且

他们说话的语气也变了："必须给5万元，一分也不能少，白纸黑字，不许抵赖！"其实那时大姨家根本就没什么钱了，两个孩子要上学，再加上大姨父赌博已经把家底都赌空了，还欠了不少外债。无奈，大姨和大姨父到处借钱，东拼西凑凑了1万元先给还上，和对方好说歹说，剩余的赚了钱先给还上。后来大姨父的一个朋友的朋友是律师，他说，大姨父当时就是傻，其实这种事情双方都有责任，再说其实主要责任在她，而且大姨父是免费载他们的，没收取一分钱，要是当时没签下那份文件，是完全没必要赔那么多钱的。

当时，大姨真是恨死大姨父了，但是没办法，他是自己的丈夫，是孩子的爸爸，日子还得继续。所幸，孩子们都已经出去住校读书了，为了不影响孩子学习，对于此事，大姨和孩子们只字未提，只是自己和大姨父俩人勒紧裤腰带，拼了命地工作。那几年确实是大姨大姨父老得最快的几年。

经过了这件事，大姨父后悔莫及，他觉得自己这几年来确实太对不起老婆和孩子了，在如此困难的时候，老婆的不离不弃让他有了重新站起来的勇气。其实，大姨说，那时候她内心是真的慌了神，但是她看到大姨父那一副痛定思痛后的模样：他戒掉了赌博的恶习，也戒掉了抽烟的嗜好，每天早出晚归，省吃俭用，挣的钱如数交给她，所有的这些，最终让她相信这个男人是真心悔过了。这样的日子过了几年，他俩总算是把债务都还清了。

有一次，大姨到县城打工，骑电动车回家的路上，因为雨天路滑，不小心摔倒，疼得直接就晕过去了。所幸，她被好心的路人及时送到了医院。经过医生的诊断，大姨被确定为右侧肩胛骨粉碎性骨折。大姨父闻讯急急忙忙赶到医院，上上下下地跑各种手续、缴费，因为送医及时，医生说治愈的概率很大，但是需要马上进行手术，治疗的过程也是比较痛苦的，康复期也要注意调养好身体，多卧床休息，注意营养，这样恢复起来也会快一些！那段时间，大姨父精心地照顾着大姨，亲自下厨给大姨炖各种营养汤。大姨说，那时真的是太幸福了，整天过着"衣来伸手，饭来张口"的日子。大姨父却从来没说过半句抱怨的话。由于术后恢复得好，大姨很快就出院了！但是医生嘱咐之后还要好好修养，直到彻底康复。可是，勤劳惯了的大姨，已经手痒痒许久了，趁大姨父没在，她都会偷偷干一些力所能及的活！有一天，正当她干得起劲时，大姨父突然回来了，看到眼前的这一幕，大姨父怒了，对着大姨吼道："你还想不想要你的胳膊了？万一废了怎么办？这些活我都会干的！你当前的任务就是好好养着，你当医生的话是耳旁风，是吗？"大姨第一次见大姨父这么生气，赶忙放下了手里的活，回屋乖乖躺着去了！没一会儿，大姨父端来了炖好的骨头汤，对大姨说："刚才我也是着急了才对你那么凶，等你彻底养好了，再干活也不迟呀！你现在干了，万一落下了病根，那就不值当了！"听了大姨父的话，大姨说当时她的眼泪就流了下来！

"其实，你大姨父的为人还是挺好的！特善良、特仗义！"这是大姨对大姨父的评价，"别人家一有点什么事情需要他帮忙，只要开口，他必去。对于我要买什么，他也从来没限制过。以前他从不下厨房，不是因为不会做饭，你也知道你大姨父做饭可好吃了，但他一直有点大男子主义，觉得做饭洗衣服就该是女人干的活，男人就该在外头努力挣钱养家。自从我受伤之后，他变着花样地给我捣鼓各种好吃的，就没停过。其实，我知道他心里是希望我跟着他能过好日子，对于这一点，他也是一直愧疚的。

经过这些事儿后，他成熟了很多。到了后来，我也允许他出去玩玩牌，但他每次都很自觉，偶尔出去玩一下、消遣一下就回来了，玩得也不大，几毛钱或一两块钱一把。他是真的想把大把赌钱的恶习给改掉。"

有一次，我回去，恰巧碰到大姨家在翻修老房子，我便过去帮忙当起了"小工"。但大姨一直不让我干，说我这个读书人，哪干得了这个，他们干就行了。这时，正在楼上忙着将秋收回来晒干的谷子装进袋子里的大姨父突然对着大姨大喊大叫起来，大姨却没回一句嘴，而是跟我说了句"你别干噢！"就赶紧跑过去帮大姨父的忙，说："你别着急，我这不来了么，来，我帮你抬一下！"最近这些年来，大姨父对大姨不是很好吗，怎么突然就这样了呢？我偷偷地问大姨怎么回事儿？大姨凑到我耳边，悄悄地说："没事，他就是到更年期了，容易着急生气，平时他也不这样，一会儿就好了。"果然，没一会儿，大姨父就和大姨又有说有笑起来。

这时，有个邻居走了进来，看见快盖了一层半的房子，对着大姨说道："哎哟，你们这房子盖得还挺快的，盖得很不错呀！""嘿嘿，是吧，都是孩子她爸能干，好多活儿包括弄图纸、设计房子等都是他亲自操刀的，我呢，啥也不会，只好给他打打下手。"大姨忙夸起大姨父来。"嚯，这么厉害呢！你这是独挑大梁呀！"邻居看着大姨父，也跟着附和称赞道。大姨父被大姨和邻居夸得不好意思了，忙摆手道："哪里哪里。"

其实这套类似的说辞，大姨也当着大姨父的面儿和我说过。说实话，大姨干的活儿也不少，却把自己说得如此"谦虚"，我私底下问过大姨这个问题，大姨笑着说："男人的自尊心都很强，特别是你大姨父，我夸他，他心里高兴，便能干更多更好的活儿，为什么不呢？其实两个人过日子，没有那么多的浪漫激情，有的只是细水长流，相互理解和体谅。你想想看，就你们俩，不捧着对方，谁还稀罕捧着你呢！而且你越夸他，你会发现他越会变成你夸的那个人的样子。""哇，想不到大姨您还懂心理学，还知道'吸引力法则'呢？""什么是'吸引力法则'我不懂，我就小学文化，这都是从婚姻里磨合出来的。"

我知道，大姨家一直是她在掌管着家里的"财政大权"。有一次，我看见大姨父问大姨要几十块的买肉钱时，我便故意逗趣儿地问大姨父道："大姨父，你咋不藏点私房钱呢？"大姨父笑笑道："藏私房钱多麻烦呀，我才懒得操那份心呢！再说私房钱藏多了，万一不知道放哪儿了，一不小心当垃圾丢出去总不好吧！再说，我对你大姨这点特别佩服，她喜欢管钱，而且还管得特别好！当我没钱用的时候，我就问你大姨要，这多方便呀！而且每次她都会多给我一点，生怕我不够用！再说，我做好男人应该做的事情，好好赚钱，让你大姨来打理家，我也放心，我知道她，从来也舍不得花钱……"

其实，算起来，大姨父并不是大姨口中那么完美的男人，他爱抽烟、喝酒，更有很长一段时间嗜赌如命，还有点大男子主义，大姨的宽容和不离不弃，最终让大姨父慢慢成长为一个真正的男人。

记得大姨说过这么一句话："婚姻的路很长，不可能一辈子都平平顺顺的，总会有磕磕绊绊、有矛盾，但是这样的婚姻才是真实的婚姻。有一句古话说得很好'夫妻同心，其利断金'。曲折和矛盾都是暂时的，只要你懂得向前看，两个人能相扶相持、相互包容、相互体谅，那么一切都会变得越来越好。当你走过这一路再回头看时，你们才是共同经历过事的患难夫妻，你们的感情才会变得更加深厚，你们才会有更多一起值得回忆的事。"

　　和大姨的这次聊天，让我受益匪浅，婚姻中确实会经历很多事情，但是那些事情却不是我们所能预知的，唯有保持相爱的初心：当困难来临时，一起面对一起走过；当两个人有矛盾时，懂得相互包容相互沟通，而不是只懂得转身逃避、离开，如此两个人才能相依相伴到白头。

　　此时，我内心的各种纠结突然有些释然了。

◇ 况园珠

一起散步到老

结婚时间：1961年

只因他在人群中多看了她一眼，便再也没能忘掉她的容颜。

虽然在不同的时间节点，他和她走过了数不尽的相同的路，却一直未曾相识。

缘分就是这么奇妙！或许，月老早已在他俩脚上偷偷地系上了一根红丝线，只借着工作的机缘让彼此牵手、相恋。

一转眼，他们已然牵手一起散步到老了。

人们都说幸福的日子总会让人觉得过得很快。是呀，时光飞逝，一转眼，我和我的爱人韦文德已经结婚56周年了。岁月把那个风流倜傥的翩翩少年变成了白发苍苍的垂暮老人，而我也不再是那个青春活泼的可爱姑娘了！然而，对于我们的婚姻，我从没有半分后悔过。如今，跨过金婚的我们，正携手幸福地向钻石婚迈进。

我们是在1961年11月7日结婚的！或许我们这一辈的人都知道11月7日是苏联十月革命胜利的纪念日，而对于我们来说除了纪念这个伟大的日子外，还有更深的意义，那便是我们俩曾经都去苏联学习过一段时间。

我的爱人韦文德1956年于上海交通大学毕业后，就被分配到了中国科学院电工研究所工作。后来，由于他各方面的表现都比较优秀，单位便派他去苏联进修了两年。1959年年底，他学成归来继续他的工作。而我呢，从上海高中毕业后，就被国家直接选拔去了苏联上大学。1960年7月，大学毕业回国后，我也被分配到了中国科学院电工研究所工作。有如此相似的经历，在如此的因缘际会下，我们走到了一起。

有缘千里来相会

1954年的"五四"青年节，我被评选为上海市的"三好学生""模范团员"，而我的照片和事迹简介也被贴在了上海市人民广场的光荣榜上，这恰巧被路过的韦文德看到了，当时他觉得这个小姑娘真厉害，非常了不起，一股由衷的敬佩之情油然而生，"要是能有机会认识一下这个小姑娘该多好呀！"当时也就是一闪念，这人海茫茫的，还不一定能碰得上呢！但那时的他已然对我有了深刻的印象。

或许是他的这一闪念被上天感知到了，也或许这就是我们的缘分，1960年秋，我从苏联大学毕业后回国，正好被分配到韦文德所在的中国科学院电工研究所八室工作，而他当时是研究室的业务秘书，即室主任助理。当他见到刚入职的我时，整个人都惊呆了，定了定心神，他的内心不由地窃喜起来。

由于工作关系，我和他接触得越来越多，他也会时常借工作之由来和我说说话、聊聊天。恰逢当时单位提倡劳逸结合，研究所经常会在晚上举办舞会，而我们研究室只有我和韦文德喜欢跳舞，所以室里的同事一有舞会的票都会给我们俩。这在无形中也增加了我俩相互了解的机会。一年后，韦文德正式向我提出了求婚。说实话，我当时考虑的还是挺实际的：虽然他是农村来的，但他个子高，能吃苦，脾气好，身体也好；而且我们都是党员，我们有相同的奋斗目标，我们有共同的兴趣爱好；我们的工作都还算不错……虽然他和我心目中的完美丈夫形象相比多少还是有些不足，但是经过这一年的相处和他对我的好，最终我答应了他的求婚。

那会儿的结婚证上是不需要提供照片的，但我们还是郑重地去中国照相馆照了一张结婚照，毕竟这是我们的人生大事之一。

婚礼是在单位的办公室举行的，由领导致贺词，我们研究室的同事们凑了份子钱给我们买了结婚礼物，鉴于我们的父母都在外地，所以没有赶过来参加我们的婚礼。由于当时国家正处于三年困难时期，不用说摆酒宴了，就连买糖都需要凭票购买，每人每月只能买2两，我们只好将两个人当月的100多元工资全部买了高价喜糖请大家吃，再加上韦文德从老家寄来的一些土特产，在同事和好友的祝福声中，我们的婚礼仪式就这样简简单单地完成了。结婚第二天，正好赶上党内学习，我们没有请假，也没有休婚假，就这样照常上班参加学习。

婚姻里要自信更要有信任

我们已经走过了56年，在大家眼里，我是很幸福的人，当然也羡慕我找了一个好老公。当我上完课还未走出老年大学校门的时候，就有同学对我说："况老师，您还不快点，您老伴儿早就在门口等你了""是呀，是呀，您的专车早就到了""况老师，您真有福气，您的先生这么多年了都待您这般好"……

说实话，这些年来我们的感情确实还可以，但是现实生活却不可能一帆风顺、波澜不惊，我们有时也会吵吵架、拌拌嘴，磕磕绊绊地走过了这些年。或许正如"矛盾论"中指出的——矛盾是绝对的。两个人生活在一起，怎么可能没有矛盾呢？关键在于如何正确处理和解决矛盾，要避免矛盾激化，如此婚姻才能得以保鲜。那么，下面就来说说我们之间发生过的"矛盾"吧！

　　正因为我们俩都喜欢跳舞，而矛盾就从我们这个最大的爱好中产生了。在我们的"二人时光"里，只要晚上有舞会，那里绝对会出现我俩的身影。后来，因为孩子要上小学了，我们就把她从婆婆那里接回了北京，烦琐的家务，再加上还要照顾孩子的一切事物，分身乏术的我只好退下"舞坛"，安心地相夫教子起来。而韦文德实在是太爱跳舞了，他和往常一样，到点就出去跳舞了。

　　时间一久，我心里变得不平衡起来，"为什么家务活和照顾孩子都是我的事情，而他却可以毫无顾忌地去享乐？"而此时另一个担心却盖过了我的不平衡——"他跳舞跳得那么好，人又高挑，我不在他身边，跳舞的地方美女又那么多，万一他在外面有了外遇怎么办？"想到这儿，我不禁心慌起来。恰巧此时，亲友们看出了我的担心，她们劝我说："小况呀，你有什么可担心的呀，你们家文德平时对你那么好，什么事儿都听你的，再说你长得那么漂亮，学历又高，还那么能干，他又不傻，难道还会再去找一个吗？所以，首先你要有自信。当然，你也知道，文德他这个人就是单纯喜欢跳舞。夫妻之间最重要的就是信任，你要懂得信任他。"是呀，朋友之间最重要的都是信任，更何况是至亲夫妻了！远在他乡的我和他就是相互的依靠呀！

后来，但凡有空，我也会陪他一起去跳舞，而且每次只要我去参加舞会，他就只会和我一个人跳，除非是我不想跳了或跳不动了，在征得我的同意后，他才会去找别人跳舞。

这几年，年纪大了，我的腿脚不太好，就很少去跳舞了，而韦文德的身体一直都很好，早上小区里跳广场舞，他基本每天都会去，但我再也不会为此担心了。

求同存异相互支持才能和谐相处

其实，每个人的兴趣爱好不可能完全相同，就像我和韦文德，虽然我们俩都喜欢跳舞，但是我们也有各自不同的兴趣爱好。

韦文德早期喜欢买收音机零件，什么二极管、三极管、变压器等，而且这些东西的价钱都不便宜。那时我们上有老下有小，家里的经济并不宽裕。每次他一买这些东西回来总是免不了被我数落一番。次数多了，他也就学"乖"了，有很长一段时间我发现他几乎不买这些东西了。我正为自己的"说教"成就感到自豪时，却无意中发现原来他根本就没有听我的话。他还是照常买这些东西，只是原来光明正大地买的他改成了偷偷摸摸地买，而且买的东西升级到了磁带、音乐碟片、音箱等，买完以后就藏起来不让我看见。这样他既能继续着自己的爱好，又不用听我的数落了，两全其美！

看来明令禁止根本起不了作用，反而加剧了他的逆反心理。于是，为了满足他的兴趣爱好，也为了避免我们生气吵架，更是为了不影响家庭生活所需的开支，我决定和他召开一次家庭会议。经过心平气和地商讨，我们决定每月定期给他一部分钱用于他个人的支配，但是绝对不能超支，而且对此我也不能管他或说他。我们严格地执行着规定的"条款"，家里的气氛明显好了起来，而且全家人的心情也轻松了许多。

而我呢？年轻时喜欢买些布料、毛线等，总想着把自己的两个女儿打扮得漂漂亮亮的，对于这方面的用度，韦文德从来没有管过我，也没说过我什么。退休后，我上了老年大学学画国画，对于这事儿，他也一直是非常赞同的，他还经常陪着我去买画画用的纸墨笔等。

在他的支持下，我已经从"花鸟""山水"六年制高级班毕业了，后来还学了"人物"和"书法"，我的有些作品拿出去展出还获了不少奖。

年轻时，我就喜欢他骑自行车带着我上下班。老了，我腿脚不好，有关节炎，他还是会像年轻时那样用自行车载着我上下学，一直到他81岁，自行车陪伴了我们俩多少个春夏秋冬。如今，他已经84岁了，我也不让他骑自行车了。但只要有空，他就会搀扶着我去上课，还帮我拎包。我们就在校园里慢慢走着，他还会细心地时不时提醒我路前面的小石头或小坑。正如我们的婚姻，我们也是这样相互搀扶支持着走过了大半辈子：各有所爱，各有所乐，相互支持，和谐幸福地生活着。

共同面对才能克服各种困难

生活就是这样，起起伏伏。同样，一个人一生不可能不遇到点事儿。就在我们为了给大女儿凑报考美国研究生所需的美金时，一件突如其来的事，打破了原本的喜悦氛围。

那一天，我把我们长年累月积攒下来的钱给了韦文德，让他去银行兑换美金。他欢欢喜喜地出门了却一脸严肃地回来了。

他把我拉到一旁，面无表情地对我说："今天，我要告诉你一件事，但是你必须先答应我不要着急，不许生气，不然我就不告诉你了！"我疑惑地点了点头。在确认我再次点头后，他才说："今天我去银行，恰巧在门口碰到一个人，他告诉我他能给我兑换比银行多不少的美金。当时我想着能给女儿多换点钱，那敢情好，于是就没进银行去换。我和那个人找了一个没人的角落进行了交易。他拿走了我的人民币，然后快速给了我厚厚一叠美金。但是当我正数着钱的时候，再回头看那个人已经不见了！我快速看了看手里的钱，发现除了前面几张是10元面额的美金外，后面的票额越来越小。这时我才发现自己受骗上当了，但想报案已经晚了……"

"你……你这个人呐！"我强压着心中的怒火，低声说道。那时的我真想和他大吵一架，但是我答应过他不着急，也不能发火，既然钱已经丢了，再打他、骂他、埋怨他也无济于事，更何况他内心深处可能早就骂过自己千百遍了，现在最重要的事是想办法筹钱，女儿还等着这笔钱急用呢！在亲戚和朋友们的帮助下，这事儿总算过去了。

另外，平时还有不少小事儿也是如此。例如，对方不小心打碎了一个碗，此时你生气、骂他粗心也没用，还不如换一种口气说"碎碎平安，旧的不去，新的不来"，收拾干净就好了，没必要为了一个碗的事儿吵得天翻地覆、鸡犬不宁，更有甚者闹到了离婚的地步。其实，你回头静下心来想想，"不就是一件小得不能再小的事么，至于吗"！

总之，家中发生的事，不论大小，千万不要相互指责或埋怨，抑或是火上浇油，一定要相互谅解，共同想办法克服困难。

家务合理分工，事业家庭两不误

事业和家庭孰轻孰重？这个问题对很多人来说是一个难题。每个人有

每个人的答案。有人说，它们就像一个人的左右手，缺了哪一个都是一种人生的残缺。对于这一点，我也是蛮认同的。

我和我爱人在工作中都是属于特别有上进心的人，我们都想在自己的工作上做出一些成绩来报答国家和单位对我们的厚爱。然而，现实的生活却与我们的理想发生了冲突。结婚后，特别是在有了孩子之后，我们家针对事业和家庭的矛盾就经常发生，虽然那都是一些鸡毛蒜皮的小事，但是累积得多了，就开始不断升级了。

我的身体其实一直都不太好，经常生病。而韦文德的工作又一直很忙而且还很重。他曾先后担任过研究室副主任、北京电机工程协会理事、特邀评审员等多项社会工作。

对于工作，韦文德非常认真、敬业，出差、加班他从无怨言，然而这就意味着家里的一切事情都落在了我一个人的头上。我在工作和家庭中努力寻找着平衡，为此我还错过了一个特别好的工作机会，原因就是离家太远，中午不能回家照顾孩子。现在回想起来，心中多少还是有一些委屈的，毕竟自己的内心深处还住着一个女强人，自己的学历和能力也着实不输给我的爱人，但是为了他，为了孩子，我只能选择放弃。

大女儿小学毕业时突然感染了"猩红热"，后来又转成了"心肌炎"。医生嘱咐说，这不是一天两天就能治好的，得长期治疗，而且只能靠吃激素来控制病情，还不能上学，得在家好好休养。那段时间，我除了给她做好吃的，照顾她的病，还得帮她补习功课。过了三年，大女儿的病才慢慢得以恢复。有一次复查过后，医生同意她可以去上半天课了。韦文德每天把她从四层楼背下去，再用自行车带她去人大附中上课，中午把她接回来，背上楼。

在我们全家人的共同努力下，大女儿总算完全康复了，同时她也以优异的成绩完成了高中的学业，最后顺利地考上了北大物理系。当收到录取通知书的时候，韦文德也送给了我一个大大的惊喜，由于工作出色，他不仅获了奖，还被提了职。此时，我已激动得热泪盈眶，我的牺牲和付出都是值得的。我的爱人、我的孩子的成就，便是我最棒的军功章。

现在回想起来，我还是幸福的。我之前有一些同事，他们夫妻二人都有很强的事业心，所以谁也不愿意退让，心里只想着工作，完全放弃了家庭，放弃了对孩子的照顾和教育，结果导致夫妻关系不和谐，更重要的是孩子的学习上不去，还和别的孩子学坏了，最终反而让自己陷入更大的烦恼和牵绊中，让自己悔恨终生。

婚姻是两个人的，需要两个人共同付出，各有妥协，如此才能做到事业、家庭两不误。

难忘金婚，相依相伴才能白头偕老

今年我们都已经80多岁了，生活都还能自理。我们有了两个女儿，她们都是北大毕业，后来又去美国读的硕士和博士，现在也都在美国定居了，她们分别都育有一儿一女，大外孙与大外孙女也都大学毕业，留在美国工作了。

2011年，我们去美国女儿家庆祝结婚50周年纪念日，金婚庆典是在犹太洲小女儿家举行的，我们与大女儿及外孙女一起直接由华盛顿飞到小女儿家聚会，最让我感动的是远在底特律念研究生的大外孙也专程赶回来参加我们的金婚典礼，我觉得自己真的是太幸福了，有老伴相伴，儿孙满堂。

金婚庆典前一天，女儿们先给我们准备了一顿金婚家宴，她们还给我们二老亲手制作了一个大大的蛋糕。第二天，我们便赶到美国餐厅举行了正式的金婚庆典，一顿精美的烛光晚餐。服务员专门为我们点燃了5根大红蜡烛，给我们唱庆典歌。宴会结束后，在餐厅前的广场上，我和韦文德伴着正在播放的优美音乐翩翩起舞，那是我终生难忘的一曲舞呀！

光阴如箭，2018年已然开启了，岁月不饶人，我的腿脚也越来越不听使唤了，尤其是爬楼梯的时候，我都是战战兢兢的，但是我的脑子还是很清楚的。虽然韦文德的身体很好，但是他的记忆力衰退得厉害。每次我出门，他都会扶着我，我总会亲昵地称呼他为"我的贴身拐棍"，而我则是他的"清爽小脑瓜"。

我们就这样，相依相伴，相濡以沫，我们约定要一起携手走到生命的尽头。